サンプル）カイシャの3バカ

别让三个笨蛋毁了你的前途

[日] 榎本博明 著 包立志 译

北京时代华文书局

图书在版编目（CIP）数据

别让三个笨蛋毁了你的前途 /（日）榎本博明著；包立志译. -- 北京：北京时代华文书局，2019.12
ISBN 978-7-5699-3212-6

Ⅰ．①别… Ⅱ．①榎… ②包… Ⅲ．①成功心理—通俗读物 Ⅳ．① B848.4-49

中国版本图书馆CIP数据核字（2019）第220069号
北京市版权著作权合同登记号 字：01-2018-7491

KAISHA NO 3BAKA
by HIROAKI ENOMOTO
Copyright © 2017 HIROAKI ENOMOTO
All rights reserved.
Original Japanese edition published by Asahi Shimbun Publications Inc., Japan
Chinese translation rights in simple characters arranged with Asahi Shimbun
Publications Inc., Japan through Bardon-Chinese Media Agency, Taipei.

别让三个笨蛋毁了你的前途
BIE RANG SAN GE BENDAN HUI LE NI DE QIANTU

著　　者｜榎本博明
译　　者｜包立志

出 版 人｜陈　涛
策划编辑｜周　磊
责任编辑｜周　磊　刘　磊
装帧设计｜孙丽莉　赵芝英
责任印制｜刘　银

出版发行｜北京时代华文书局 http://www.bjsdsj.com.cn
　　　　　北京市东城区安定门外大街138号皇城国际大厦A座8楼
　　　　　邮编：100011　电话：010-64267955　64267677

印　　刷｜固安县京平诚乾印刷有限公司　0316-6170166
　　　　　（如发现印装质量问题，请与印刷厂联系调换）

开　　本｜880mm×1230mm　1/32　印　张｜7.5　字　数｜134千字
版　　次｜2020年2月第1版　　　　印　次｜2020年2月第1次印刷
书　　号｜ISBN 978-7-5699-3212-6
定　　价｜45.00元

版权所有，侵权必究

在阅读之前先测试一下自己应付职场笨蛋的本领吧

READY GO

*测试题共12道单选题,请将正确选项填入括号,每题1分。答案见试卷后。

❶ 下列哪种逃掉毫无意义的会议的做法不可取?(　　)
　　A.直接跟领导说自己很忙,没时间参加这种意义不大的会议
　　B.事先安排公司外的朋友,在会议超过一定时间时给自己打电话,装作有紧急业务要谈,迅速离场
　　C.故意将与客户见面的日子约在会议当天或会议前后,以此为由不出席会议

❷ 领导又在会上提出了"明年业绩翻两番"这类不切实际的目标,于是你(　　)
　　A.当场和领导据理力争,直接说明这个目标的不合理之处
　　B.点头应承,回去该怎么工作怎么工作,年底搜集、展示看起来漂亮的数据就好

C.觉得这是领导给自己的信任与机会，心中充满了创造奇迹的雄心壮志，决定累死也要完成这项不可能完成的任务

❸ 会议开着开着，领导就开启了闲聊模式，这时你应该（　　）

A.抓住和领导套近乎的机会，做起了领导的捧哏

B.在不惹人注意的情况下，思考自己的工作安排、项目创意或者完善文案等

C.愤而离席

❹ 会议开了老半天都没有结束的意思，也没个重点，你想起类似的会已经参加过很多次了，但对公司发展并没什么好处，你开始醒悟领导这么爱开会纯粹是为了　　　　　（　　）

A.刷存在感，并借此掩饰自己没有认真工作的热情和能力

B.通过集体决策增加公司的凝聚力

C.对每件事负责，公司无小事

❺ 会议讨论出的新决策公布后，大家都在私下议论新决策的诸多不当之处，果然，你在具体执行时真的遇到了麻烦，于是你向

领导反映情况，领导却事不关己似的说："这是大家集体讨论决定的，你跟我说也没办法嘛。"你才明白开会还有（　　）的功能，当场一口老血喷出来。

A.切实解决问题

B.发扬民主精神

C.逃避责任，明哲保身

❻ 领导喜欢开会也就算了，你发现居然有同事一听到开会就满脸轻松，这是因为　　　　　　　　　　　　　　（　　）

A.正好借机逃避工作，闲坐半天还能拿工资，美滋滋

B.他们总遇到需要开会讨论才能解决的问题

C.他们并不介意用加班弥补开会占用的工作时间

❼ 紧急又重大的项目走流程时，却频频被单双面复印、用中性笔还是用铅笔这类细枝末节拖住，下面哪种方法最没效果？（　　）

A.发朋友圈大骂相关同事、领导且不屏蔽任何人

B.请权力高层为自己发声，加快流程进度

C.对他们说明有破例的情况，并且这次也适用

❽ 终于下定决心与死抠规定拖慢流程的同事或领导交涉了,你准备这么说: ( )

A."规定是死的,你也是死的吗?"

B."我觉得您可能对一线工作并不太了解,最好不要横加干涉。"

C."您一向是以大局为重又有自己判断力的,这次的项目关乎公司业绩和以后与客户的合作,弄不好的话可能会被追责,所以咱们还是灵活处理一下比较好。"

❾ 因为工作能力太过突出,遭到了一些同事无端的攻击,为了稍稍平复一下他人的嫉妒心,你 ( )

A.也开始消极怠工,用业绩上的部分牺牲换取他人的友好

B.把自己的失败、失误挂在嘴上,刻意把自己塑造成失败的角色,但并不放松对自己的工作要求

C.想了一下,觉得这应该不会对自己有多大影响,选择忽视

❿ 最近工作一直不顺利,你发现自己变得小心眼儿,特别容易嫉妒能干的同事,为了克服自己的心魔,你决定 ( )

A.去逛街、看电影、健身等,及时调解心情、排解压力

B.暗里使绊子，如果对方不那么突出了，自己的心魔自然也就消失了

C.对其进行冷战，只要保持距离，应该就不会心烦了

❶❶ 为了防止他人的恶意打压使自己受到伤害，你需要　　（　　）

A.刻意塑造得理不饶人的形象，让公司里的人对你形成"不好惹"的第一印象

B.讨好上司、同事、下属等，做公司的"好好先生"

C.找到道德感和责任感都较强的上司、同事、下属等，真诚坦率地和他们交往，构建一张信任关系网来保护自己

❶❷ 宋国有一个养猕猴的人，因为养的猕猴太多而家财匮乏，于是养猕猴的人就打算限制猕猴的食物。他对猴子说，早上给三个橡子，晚上给四个橡子，猴子大怒，直到他说早上四个晚上三个，猴子才欢喜。

请问以上故事中养猴人的做法最适合糊弄以下哪种笨蛋？　（　　）

A.热衷开会型笨蛋

B.死抠规定型笨蛋

C."唯数字论"型笨蛋

答案

ABBA CAAC BACC

测试结果

9~12分：应付职场笨蛋的高手

5~7分：有认真工作的心，但对排除人际干扰还不得其法

0~4分：很不幸，恐怕你就是那个会给他人带来困扰的职场笨蛋

答案解析

第1、3题详见本书191~194页。

第2、12题详见本书200~206页。

第4、6题详见本书58~60页。

第5题详见本书65~67页。

第7、8题详见本书194~197页。

第9题详见181~182页。

第10题详见182~183页。

第11题详见189~190页。

好了，正式开始我们的解谜之旅吧！

前　言

在公司发展进步的过程中，横亘着三个巨大的阻碍因素，那就是热衷开会、死抠规定、"唯数字论"等三种类型的笨蛋。

在接到"公司里的三个笨蛋"这个选题委托后，我想到的不仅仅是自己和公司内的问题，还不由得联想到整个社会组织都饱受这些若明若暗的阻碍因素之苦。同时，我还发现如果对这些给整个社会组织带来困扰的人进行分类，许多人都会不禁感慨："要是这么说的话，我们单位还真有这样的笨蛋。"也就是说，无论是哪种类型的笨蛋，都可以在我们身边找到对应的原型。

明明我们身边有这么多的笨蛋，为什么许多企业还能正常运转呢？真是令人觉得不可思议。之所以出现这种局面，恐怕还是因为我们周围仍然有许多勤勤恳恳、一心朴实干事业的人，他们不惧各种笨蛋的阻挠，积极进取，奋发有为。

但是，对于现在还在社会组织中工作的人而言，面临的形势却越来越严峻了。就算拼尽全力努力工作，也完全得不到肯定，非但加薪困难、升职无望，甚至连基本的劳动权益都难以得到保障。在这种局面下，还要承受来自各种笨蛋的压力，令人担心大家是否还能保持积极拼搏的状态。

因此，本书将关注的焦点放在令许多单位感到痛苦不堪的"公司里的三个笨蛋"上，详细剖析了其心理结构，并提出了具体的解决问题方法，仅供广大读者参考，我衷心希望能帮助大家顺利躲避或克服这种毫无道理的压力。

但是，无论哪个单位中，都有一些顽固的笨蛋，是令大家无法躲避或克服的。在这种情况下，就需要进一步了解他们的心理结构。实际上，他们都是一些非常可怜的人，一旦大家想明白了这一点，内心的愤怒和郁闷就会得到平复，有利于进一步采取冷静的应对措施。

在阅读本书的过程中，大家会对里面提到的各种类型的笨蛋和情况深有体会，觉得自己身边就有这样的人，"有，有，有这样的人！""真是没有办法啊！""是吗？原来是这种心理机制在作怪啊。"在轻松一笑的同时，可能会突然产生不安的感觉，担心"恐怕自己身上也有这'三个笨蛋'的影子"。在这种情况下，大家可以再从头看一遍本书，进一步明确其心理结构。只要大家的意识达到了一定的程度，落实到具体行动上自然会发生转变。

最后，再一次衷心地感谢，对本书提出宝贵建议的朝日新书出版社总编宇都宫健太朗先生，以及对资料搜集等做出突出贡献的福场昭弘先生。

榎本博明

2017 年 5 月

目　录
CONTENTS

前言 / 1

第一章　植根于组织内部的笨蛋们

1 这些笨蛋令我们饱受其苦 / 3

喋喋不休型笨蛋 / 3

溜须拍马型笨蛋 / 5

装傻卖萌型笨蛋 / 6

因循守旧型笨蛋 / 7

争抢功劳型笨蛋 / 9

"看人下菜碟儿"型笨蛋 / 11

"国际范儿"型笨蛋 / 13

鼓吹蛮干型笨蛋 / 15

别让三个笨蛋毁了你的前途

　　自我标榜型笨蛋／17

　　"职业规划"型笨蛋／19

　　崇尚虚名型笨蛋／20

　　钻营评价型笨蛋／22

　　热衷活动型笨蛋／24

　　故意加班型笨蛋／26

　　装可怜型笨蛋／28

　　骄傲自大型笨蛋／29

　　强调合规性型笨蛋／30

　　故作糊涂型笨蛋／32

　　笨蛋当然是缺乏自知之明的／34

2 尤为棘手的三种笨蛋／36

第二章　为什么热衷开会的人是笨蛋呢

1 异常热衷于开会的典型实例／41

　　无论遇到什么事情总想找理由开个会／41

　　忽视现场繁忙的工作状况，热衷于召开会议／42

目 录

没有意义的会议泛滥 / 43

决策的仪式，所有的人都是热衷开会的傻瓜吗 / 45

一旦开起会来就讲个不停 / 47

是不是战国时代电视剧看多了？开会时满脑子都是权谋心计 / 49

2 热衷开会型笨蛋是怎样给大家带来麻烦的呢 /51

会对一线业务造成阻碍 / 51

通过会议做出决定需要花费时间，无法发挥机动能力导致进度延迟 / 52

会导致会议变成懒惰者偷懒消遣的理想场合 / 53

会导致会议变成彰显个人存在价值的场合，使本职工作陷入停滞 / 55

会削弱充满干劲儿的人的积极性和进取心 / 56

会导致权责不清的责任缺位状态 / 56

3 剖析热衷开会型笨蛋的心理 / 58

光是坐在那里什么也不做，就能给人营造一种正在积极工作的感觉 / 58

工作能力不强的上司往往喜欢通过会议彰显自己存在的价值 / 59

会议不是做出必要决策的场合，而是满足"被认可欲望"的

工具 / 60

日本人认为必须开一些毫无意义的"务虚会"的文化原因 / 61

"责任分散效应"实验 / 64

由于不想承担责任，所以故意召开会议 / 65

滥用调动积极性的心理学理论，目的只是让员工宣泄情绪 / 67

总结：热衷开会型笨蛋的心理机制 / 69

第三章　为什么死抠规定的人是笨蛋呢

1 死抠规定的典型实例 / 73

以规则和原则为借口，阻碍工作进展 / 73

总是强调按照指示工作 / 76

执泥于一些毫无意义的细枝末节性规定 / 77

不管多么小的事情，都要求"报告、联络、沟通" / 80

每次发生问题时，就制订新的规定 / 81

滥用规定借机偷懒或任性胡为 / 83

一旦遇到规定或员工指南中没有明确的事情，就无法处理 / 84

2 死抠规定型笨蛋是怎样给大家带来麻烦的呢 / 86

会导致工作停滞,大家无法积极进行挑战 / 86

会影响周围人的积极性和进取心 / 87

在无法沿用之前的工作方法时,就会觉得无计可施 / 88

变成阻碍新创意萌发的绊脚石 / 89

变成被规定支配的奴隶,丧失独立行动的意识 / 91

被毫无意义的"合规性"拖后腿 / 92

3 剖析死抠规定型笨蛋的心理 / 94

缺乏独立思考并做出决定的自信 / 94

缺乏随机应变的判断能力 / 96

缺乏以理服人的自信 / 97

只要按照规定办事,无论什么难题都有例可循,不必再为做决定而烦恼 / 98

对失败极度恐惧 / 99

害怕没有回报,"恢复力"较差…… / 101

积极制订规定和指南实际上是为了自保 / 104

将嫉妒心理封印在潜意识的世界中 / 105

无法有效实施"自我监控" / 107

别让三个笨蛋毁了你的前途

总结：死抠规定型笨蛋的心理机制 / 109

第四章 为什么"唯数字论"的人是笨蛋呢

1 "唯数字论"的典型实例 / 113

单纯依靠数字来评价人 / 113

只对数字感兴趣，对眼前的人漠不关心 / 115

坚信数字是客观公正的，是绝不会错的 / 116

虽然号称喜欢研究数字，却并不用心思考数字背后的真正意义 / 118

无论什么事情，都强调要"可视化"，滥用数值、图表 / 119

无论做什么事，都将"能不能用数据展示出来"作为口头禅 / 121

不相信还有无法用数字表示的事情 / 122

总是提出一些毫无意义的数字目标 / 125

无论什么事情，都想换算成金额进行说教 / 126

缺乏长远眼光，只追求眼前的数字 / 127

2 "唯数字论"型笨蛋是怎样给大家带来麻烦的呢 /128

完全不重视无法转化为数字的工作，会导致工作水平和质量下降 / 128

由于读不懂数字背后的因素，所以无法提高工作效率 / 130

只重视向别人炫耀的数字，导致数字造假、窃取他人数字之风盛行 / 131

毫无意义的数字是自说自话 / 133

信奉"数字万能"容易导致思维僵化 / 136

只能感受到数字的厉害，根本体会不到工作的意义 / 138

无法赢得下属的信任，单位难以维系正常运转 / 139

被眼前的数字羁绊，影响长远发展 / 143

为了所谓的"可视化"，牺牲了原本宝贵的业务时间 / 144

3 剖析"唯数字论"型笨蛋的心理 / 146

如果用数字表示，无论反应多么迟钝的人都能读懂 / 146

认知复杂性较低 / 147

说服策略可以分为"单面说服"和"双面说服" / 148

缺乏逻辑思维能力和推理能力，因此，喜欢事事都将数字作为依据 / 150

由于无法与人进行心灵的沟通，只能坚持信奉数字 / 152

无法理解数字并不是绝对客观的 / 152

绝对信奉数字，无法区分有意义的数字和无意义的数字 / 155

数学情结极强 / 156

不明白部分数字相加的总和并不能代表整体 / 160

通过数字来管理人员是非常轻松的 / 161

总结："唯数字论"型笨蛋的心理机制 / 164

第五章　怎样保护自己免受"三个笨蛋"的危害呢

1 "三个笨蛋"都是缺乏自信并且喜欢明哲保身的小人 / 167

如果充满干劲儿和自信的话，就不想被所谓的规定束缚 / 168

如果充满自信和干劲儿，就不会盲目信奉数字 / 169

真正麻烦的是自卑情结 / 170

2 "三个笨蛋"都是缺乏自信并且极度自恋的小人 / 174

极度自恋的人 / 174

极度容易受伤，担心自己被轻视的心理极强 / 177

目 录

为了讨好上司的"报告、联络、沟通" / 178

向下属和年轻员工表达自己的期望 / 180

能干的人大讲失败教训的理由 / 181

"压力应对"的积极作用 / 182

充满热情地进行沟通交流也是非常有效的 / 183

总结:"三个笨蛋"的心理机制 / 186

3 如何才能免受"三个笨蛋"的危害呢 /187

人应该用心行动,以情动人 / 187

通过构建信任关系网来保护自己 / 189

针对热衷开会型笨蛋的应对方法 / 190

针对死抠规定型笨蛋的应对方法 / 194

针对"唯数字论"型笨蛋的应对方法 / 199

第一章

植根于组织内部的笨蛋们

第一章　植根于组织内部的笨蛋们

1 这些笨蛋令我们饱受其苦

在编辑部的全力支持之下，我有幸得到机会与各公司员工进行深入交流，就公司内究竟存在哪种令大家苦不堪言的笨蛋进行调查。结果发现与预想基本一致，实际上绝大多数的员工都会受到寄生在公司内的各种笨蛋的影响，感到难以应对。

首先，我想根据调查过程中发现的实际个案和平时的所见所闻，结合自身曾经遇到的棘手问题，对植根于组织内部的笨蛋进行分类。

◆ 喋喋不休型笨蛋

当你专心致志地努力工作时，突然跑过来搭讪的人就是典型的"喋喋不休型笨蛋"。

如果你的周围或对面就坐着这样一个话痨，那就非常麻烦了。就算你为手头的工作忙得不可开交，也不能完全不理会他，必须要分散精力进行适当的应对。

饱受这种笨蛋之苦的员工们经常满脸困惑地吐槽说:"旁边座位上的同事总是不停地和我搭话。就算我正在集中精力处理紧急事务,他也完全不在乎,光是对我絮絮叨叨地说个不停。如果想要在专注工作的同时得体地应付他,就容易分散注意力,导致写错文件或者打错字。如果我感到不耐烦,不愿意搭理他,他就会转而骚扰别人。哪怕主任都过来提醒他别总是说闲话,要多将注意力放在工作上,他也毫不在乎,只是吐出舌头笑着应付'是,遵命',结果掉过头来又去骚扰周围的同事。真的令人感到非常棘手啊!"

还有一种是在开会过程中,经常会交头接耳地讲一些与主题无关的闲话的笨蛋。

有些员工看起来非常生气地向我抱怨:"会议总是拖得很长才会结束,这都怪喜欢讲话的科长。他总是讲着讲着就跑题了,光是说一些无关的话题,导致讨论中断,浪费宝贵的时间。真是不知道他的脑回路是什么结构,特想解剖来看看。好不容易快要讲完了,已经拖了很久的会议终于要结束了,他又从其他人的讲话中发现了什么问题,于是又开始长篇大论起来。这种人真的非常讨厌,令人几乎要大声喊出'不要再讲那些无关的废话了!',只不过碍于对方是上司,因此,才不得不忍着不说。就是因为他,大家都非常讨厌开会,觉得开会是一种煎熬。"

第一章　植根于组织内部的笨蛋们

我相信不管在哪个单位，都会有这样的喋喋不休型笨蛋。

◆ **溜须拍马型笨蛋**

我们的同事中肯定有溜须拍马的笨蛋，他们往往会成为员工们在小酒馆茶余饭后的谈资。无论上司说什么，他们都会拍马屁地附和："不愧是科长啊！水平就是高。"

甚至在大家都觉得领导的讲话已经跑题了时，他也会毫无原则地奉承说："还是科长厉害，眼光就是独到！"

即使是上司完全不了解一线情况，已经明显误判了形势时，他也不会指出来，只是和稀泥地说："确实是这样。科长真的是对什么都了如指掌啊！"

他们只会考虑如何取悦眼前的上司，这样一来，一线就会遇到问题，如果这些错误的方针在会议中得到通过，那么，最终就会成为上司的失误。可以说，他们这么做并不是真心为上司考虑。他们所在乎的无非是博取上司的好感，赢得上司的关注，在人事任命上得到好的评价，纯粹是蝇营狗苟之徒。

这种行为是非常露骨的，对此，周围的人都感到非常吃惊。但是，可悲的是，喜欢被别人奉承是人的天性。这种溜须拍马型笨蛋往往会得到上司的欣赏和认可，在工作和仕途上会走得一帆风顺。这样的情况屡见不鲜。

虽然溜须拍马型笨蛋本身很可气，但是，被他们轻松蒙蔽双眼、做出不符合实际的战略决策的上司也算得上大笨蛋了。

无论在哪个组织中，这种类型的笨蛋都会占到一定上风，因此，大家也只能在小酒馆中一起声讨一下他们的种种恶行，过过嘴瘾，发泄一下心中的不满罢了。

◆ **装傻卖萌型笨蛋**

还有一种笨蛋是"装傻卖萌型"的，他们的工作能力差到令周围的人感到愤怒不已，甚至质疑："为什么像他这样的家伙还能在这里混下去？为什么他还能领到工资？"

每当领导或年长的同事分配任务时，他们总会装出一副可怜的样子撒娇说："嗯，我没听懂啊！你能再耐心点儿教我一下吗？"如果是刚进入公司的新人，这么说还能令人接受。但是，明明已经不是新人了，每当分配任务时，还是将"嗯，你能再讲慢点儿吗？我听不明白啊！"挂在嘴上，无论如何都派不上用场。

尽管如此，这种人还总能得到上司的谅解，觉得他可怜。针对这种装傻卖萌型笨蛋，如果批评得稍微严厉一些，就会招致上司的反对，反而袒护他说："你对他的这种态度真令人感到遗憾，他不会你就应

第一章　植根于组织内部的笨蛋们

该更耐心地教他啊！"对于平时不和大家一起工作的上司而言，他可能确实很可怜。但是，对于同一团队的工作伙伴而言，这种人真的令人觉得受不了。

在这种类型的人中，还有些特别爱哭鼻子的，每当你提醒他时，他就会号啕大哭起来。

当你发现他将提供给客户的重要文件写错了，觉得如果这样交给客户会有致命的影响，好心提醒他重新修改一遍时，反而将他惹哭了，抱怨说："我又不是故意的，请不要这么刻薄地对我。"这样一来，就会令周围不明情况的人觉得是你在故意刁难他，到头来还会连累自己被上司批评。

无论是谁，遇到这种事都会感到愤怒不已，甚至会说出"应该干脆果断地对付装傻卖萌的笨蛋们，将他们彻底地赶出公司"之类的气话。

可以说，装傻卖萌的笨蛋是一种令人极度厌烦的存在。

◆ 因循守旧型笨蛋

"因循守旧型笨蛋"通常有这么几种。

保守固执的下属。自己好不容易想到一个充满创造力的方案，却得不到认可，反而被其质疑："这个没有先例可循，看起来太过冒险了，不适合我们的现状。"

　　消极怕事的上司。当大家都觉得必须采取积极措施，打破停滞不前的现状时，他却以"做一些没有先例的事情会冒很大风险"为由拒绝尝试。

　　还有一些看热闹瞎评论的人。他们感慨地说："请你再慎重考虑一下吧！非得这么办不可吗？你这个方案带来的变化太剧烈了。根本没有先例可以参考，如果不是反复斟酌确保万无一失，最终恐怕是行不通的。虽说具有可行性，但是以大家目前的见识和头脑，根本不可能接受。既然你的上司是这么认为的，只能说你太可怜了。"

　　因为有这些因循守旧型笨蛋的阻挠，你根本无法向着充满建设性的方向前进，只能陷入停滞不前的窘境。

　　这些人之所以总是将"先例"挂在嘴上，实际上是因为他们缺乏独立思考的能力，只能用这种托词作为常用手段来敷衍塞责。也就是说，那些执泥于先例的人，往往是思考陷入停滞状态的人。

　　因循守旧型笨蛋就算感觉到"先例"当中存在某些不合理的因素，也会觉得之前一直按照这个方式办并没有出现什么问题，完全没有必要去做出改变。他们被对做出改变的恐惧所支配，总是担心一旦改变过程中遇到什么问题，会影响到自己的前途和名声，因此，根本就无法去打破常规做出创新。

　　他们对自己的判断力缺乏信心，害怕由于自己的误判导致失败，

第一章　植根于组织内部的笨蛋们

因此，才会陷入过度依赖之前惯例的窘境。从另一个角度来看，这只不过是推卸责任的一种手段而已。

◆ **争抢功劳型笨蛋**

还有一种可耻的人是人人都觉得"决不能容忍的"，那就是争抢功劳的笨蛋。

在调研过程中，有人曾对我吐槽自己的功劳被同事无端冒领，对此感到愤愤不平。他说："我和一位同事积极地同客户进行接洽，经过不懈的努力，最终拿到了一个大订单。这时，同事却背着我跑到领导面前表功劳，将所有的成绩都归到自己身上，这一幕恰巧被我看到了，令我目瞪口呆。在这种情况下，如果当场发作的话，可能会导致彼此之间发生不愉快，因此，当时的我只能选择默默忍耐。但实际上花费大量精力撰写策划书的人是我，他只不过是与我一起出席磋商而已，怎么能当着领导的面心安理得地说出那种话呢？今后我决不会再和他合作了，上司根本不了解这些细节，真的令人感到恶心。"

还有人反映有的同事会心安理得地窃取别人的创意。在一起吃午饭的时候，同事突然抛出问题："科长就某某事向我征求意见，你怎么看？"当对他说了自己的想法后，他会立即跑到上司那里去邀功，

别让三个笨蛋毁了你的前途

好像是在讲自己想到的创意一样，滔滔不绝地吹嘘自己的能力。

还有的同事会故意刺探："在之前的会议中，领导要求我们在下次开会前好好完善一下自己的提案，你有什么想法吗？"一旦你透漏了自己为会议准备的提案，他就会立刻跑到上司那里，将你的创意当成自己的进行汇报。结果科长觉得提案很有创意，表扬他："这个提案很有趣，好的，就按照这条主线抓下去吧！"对你而言，这种情况就非常尴尬了。完全可以向他本人讨个说法，却担心这么做会令彼此之间产生隔阂，觉得张不了口。但是，如果继续放任他这种露骨的行为，又怀疑他怎么好意思干这种事情，根本无法理解他的想法。

同事本人看起来根本没有什么羞愧感，你也不能直接和他抱怨，还不能去和上司汇报，结果往往是上司根本掌握不到实际情况。因此，这些争抢功劳的笨蛋才有机可乘，得以专横跋扈起来。

有些领导也属于这种类型。其中，最为典型的就是将下属的成果据为己有，拿着去邀功的上司。

例如：在一家营业额持续走低的门店中，当下属发现了问题进行汇报时，领导根本不接受现实，就算下属明确提出了改善的方案和措施，也不认同实施。但是，一旦上级指出门店的营业额存在问题后，他就立刻改变态度，拿出下属之前提交的文件，讨好上级说："实际上，我也注意到了这一点。并且，正想向您汇报一下改进

第一章 植根于组织内部的笨蛋们

的方案。"之后就滔滔不绝地讲起来。在出现几次这样的情况后，大家就彻底灰心了，根本不想认真提建议，甚至连提意见的想法都没有了。

当存在矛盾的对象是同事时，大家都还顾及颜面，不愿意撕破脸皮，更何况对方还是上司，就更不愿意明说了。这样一来，由于高层缺乏对实际情况的了解，就会助长这种上司的嚣张气焰，令他们肆无忌惮地窃取下属的成果，变得专横跋扈、不可一世。

◆ "看人下菜碟儿"型笨蛋

"看人下菜碟儿"型笨蛋的特点是：根据对方是否与自己站在同一立场而采取不同的对待态度，或者根据工作是否有利于彰显自己的成绩而选择投入的精力。

大家对于"看人下菜碟儿"型笨蛋的意见非常大，纷纷吐槽道："我们单位多是以团队形式工作的，经常会给这种人提供偷奸耍滑的机会。他们往往只拼命干上司布置给自己一个人的工作，表现得极为自私功利。当我们觉得凭自己一个人无法完成工作时，往往会与同事们一起努力，共同攻克难关。但是，这种类型的笨蛋却完全不这么看问题，只要他们发现工作对自己的业绩没有什么好处，就会明目张胆地偷懒耍滑。"

别让三个笨蛋毁了你的前途

针对这种"看人下菜碟儿"型笨蛋,许多人都感到无可奈何,觉得虽然无法接受。但是,跑到领导那里去告状又太不像话了,应对起来非常棘手。

在心理学术语中,有一个名词叫做"社会性惰化",讲的就是这种现象。当许多人在一起工作时,大家就会觉得自己偷点儿懒也不会被人发现,因此,容易出现懈怠成风的问题。

特别是在日本社会的组织结构中,与个人单打独斗相比,人们更加重视团队合作。许多时候都会采用团队协作的形式开展工作,因此,不易明确衡量个人的努力程度和贡献大小,这样一来,就为滋生"看人下菜碟儿"型笨蛋提供了土壤。

此外,还有一种"看人下菜碟儿"型的笨蛋。"每当上司在的时候,就拼命地工作,丝毫不敢懈怠。但是,当上司外出办事或开会时,就立马现出原形,变得消极怠工起来。要么在座位上发愣,要么到处聊天儿,要么拿出智能手机打发时间,甚至还有的干脆就旷工了。当看到他们这种偷奸耍滑的样子时,我们并不会气愤,反而会为他们露骨的拙劣表演感到好笑。"

我们经常会听到有人抱怨:"最看不起那些当面一套背后一套的人。他们在上司面前总是卑躬屈膝的。当上司不在时又光讲上司的坏话,真令人厌烦!"这些看人下菜碟儿的笨蛋,往往会见人说人话,见鬼说鬼话,每个单位都有这样的笨蛋,他们往往很

第一章　植根于组织内部的笨蛋们

扎眼。

也有许多上司能够看穿这一点，批评他们是混蛋，但是，由于他们往往都是在上司看不到的时候偷奸耍滑，因此，要想彻底识破这些笨蛋还是非常困难的。

◆ "国际范儿"型笨蛋

这种笨蛋的特点是动不动就使用英语和片假名①，并且，认为这样做非常有范儿，希望通过这个来证明自己有身份。

平时不愿意说"糖果""购物""雨具"和"文具"，而喜欢说"sweet""shopping""rain goods"和"stationery"，觉得用英语说话就是洋气；不愿意说"逻辑""方法"和"多样性"，而喜欢说"logic""method"和"diversity"，觉得这么说有学问；不愿意说"传奇"和"遗产"，喜欢说"legend"和"legacy"，觉得这么说有深度。这种类型的笨蛋根本不会满足于常用的外来语。也许是这种人越来越多的缘故，现在大街上已经出现了片假名和英

---

① 片假名（片仮名，カタカナ，katakana）是日文的一种，与平假名合称"假名"。这种假名只是一种表音的文字符号，往往用来表示拟声词和外来语等。

别让三个笨蛋毁了你的前途

语泛滥的情况。

就连商家都不大使用"正在营业"或"正在准备"之类的吊牌,转而开始悬挂"OPEN"或"CLOSED"等英文标志。

在专卖店中,也不大使用"特卖""七折"之类的宣传海报,而是更多地使用写着"SALE"和"30%OFF"的打折牌。

在餐厅中,明明使用"已订座"就行,偏偏要写上"RESERVED"。

在大家看来,这么写就显得时尚、洋气。

如果是外国人经常来的话,这么写倒是没有问题,非常有利于理解。但是,如果在只有日本人光临的商店,看到这么写的标志之后,会让人产生一种复杂的感觉,不由得为日本人的英语情结和白人崇拜意识竟然达到了这种程度而感到惊讶。

现如今,在上了年纪的老太太们经常光临的商店中,也会有"REST ROOM(卫生间)"和"STAFF ONLY(员工专用)"之类的英语标志,因此,当遇到带着孙子来店里的老人时,店员就不得不当面将它们翻译成日语。

尽管如此,店长们还是自我陶醉地认为:"我们店里充满了国际范儿,真令人骄傲啊!"对此,许多员工向我抱怨说,遇到这样的店长,总觉得自己很难为情。

这种类型的笨蛋犯了一个错误,他们认为使用片假名和英语,可以令人觉得自己能跟得上全球化的潮流。但是,不使用英语的人当中

第一章　植根于组织内部的笨蛋们

肯定不乏高素质人才，而美国土生土长的缺乏教养的人也能讲一口流利的英语，可以说是否使用英语与一个人有无教养是没有直接关系的，这一点毋庸置疑。

然而，"国际范儿"型的笨蛋根本不去想这一点，只是醉心于使用片假名和英语，希望借此凸显自己的品味和修养。

他们可能会觉得因为这是一个全球化的时代，所以必须多用英语。这种肤浅的认识令我们感到尴尬不已，他们本人却觉得非常时尚。我们只能说他们是名副其实的"国际范儿"型笨蛋。

越是在学生时代英语成绩不好的人，越愿意将片假名和英语外来语挂在嘴边。从这一点来看，可以说"国际范儿"型笨蛋是一群充满英语情结的失败者。

◆ 鼓吹蛮干型笨蛋

由于日本电通株式会社[①]出现了劳动强度过大导致员工自杀的问题，因此，在其员工手册中的所谓"魔鬼十条"的规定，一时间成为

---

① 日本电通株式会社是当今全球最大的独立广告公司，世界五大广告集团之一，是日本王牌级的跨国企业。

了大家热议的话题。其中，甚至出现了"既然开始了，就不要放弃，就算是被杀也不能放弃，不达目的誓不罢休！"这类过激言论。在我们身边存在许多这样将"人有多大胆，地有多大产"挂在嘴边，鼓吹蛮干、硬干的上司和前辈。

就算我们拼命努力，也不一定就能拿到订单和合同。有时，总体情况看起来很乐观，但是，到了实务层面，一旦在具体条款上出现了问题，导致双方无法达成一致，也会令谈判走向崩溃。在这种局面中，我们也不能畏惧，必须向着下一个目标继续努力。这就是营销人员的宿命。

对这一点，我非常理解，但是，如果光靠鼓吹蛮干，终将一事无成。

放在过去那个年代，依靠坚持不懈的努力或许还能取得一定的成绩。从工作关系层面来看，日本式的人情世故根深蒂固，对方往往会被你拼命工作的姿态打动，从心里萌生好感。但是，在当今社会中，情况已经完全不同了。

有些年轻人的观念已经发生了转变，他们开始厌倦缺乏实质性建议的鼓励，比如，在听说你没有拿到合同之后，如果上司只是单纯地打气说："可能是干劲儿还不足，继续加油！再加把劲儿去干，一定能成！"他们可能会感到厌烦，觉得我们都知道坚持的重要性，但是如果不动脑去思考，最终是不可能成功的。

第一章　植根于组织内部的笨蛋们

作为营销人员，开展无预约访问业务①被拒之门外的情况是家常便饭。但是，每当向上司汇报这一情况时，总是被要求"见不到客户就不要回来""通过接待室，向对方表明'见不上面决不回去'的决心，然后在那里耐心等待"。

光凭这种干劲儿和韧劲儿是无法解决所有问题的。有时，反而会给人一种过于执拗和咄咄逼人的印象，从而遭到冷遇。但是，鼓吹蛮干型的笨蛋们却都是一根筋的思维方式，根本不相信这些，固执地认为只要这么干，一定会成功。

于是，有的员工就会产生消极的想法，并抱怨说："上司们总是要求我们再动动脑子。但是，我们的脑子根本达不到要求，再加上又怕被人厌烦，因此，只好默不作声了。"

◆ 自我标榜型笨蛋

自我标榜型笨蛋的最显著特征是<u>极为重视个人的名誉和业绩，热衷于抛头露面表现自己</u>。

---

① 无预约访问业务，就是在不打招呼的情况下，前往规定的区域访问顾客，然后索取名片，构建合作关系。

比如，有的人一脸吃惊地对我抱怨说："开完会后拿着会议记录回来，准备做成报告。但是，科长要求呈给他看看，看过之后批示'总结得还不够完善'。看到这个情况后，同事趁机露骨地表现自己说'下次还是由我来做吧！'。你觉得这么说合适吗？但我却经常遇到这种事。"

或许是受到成功学过度宣传的影响，有些人觉得这是一个鼓励自我展示的时代，必须想方设法造势，大秀自己的实力。他们不去将精力放在学习技术知识上，也不愿意全力提升业务能力和工作水平，只是专注于搞自我设计，希望通过自我标榜达到宣传自己业绩的目的。

与之相反，也有些人明明才华横溢，却保持着谦虚谨慎的态度。两相比较，从周围人的视角来看，越是能力水平不突出的人，越热衷于自我标榜。他们往往对此洋洋得意，殊不知反而凸显了自己的肤浅，给人留下了轻浮浅薄的印象。这就是自我标榜型笨蛋真正可悲之处。

如果碰到不知进退的自我标榜型笨蛋，就更加令人难以应对了。

比如，有人跟我吐槽："主任对大家说，公司决定正式启动新项目，各部门有合适的项目候选人可以推荐上报。无论从策划能力，还是从项目推进能力来看，谁能胜任是显而易见的。但是，有一个经常犯错又总拖单位后腿的人却主动请缨报名候选。他甚至都不知道自己的能力根本无法满足要求。从某种意义上来看，还真是佩服他这种无知者无畏的精神。但是，不客气地说，这种自我标榜型笨蛋实际上是非常

第一章　植根于组织内部的笨蛋们

麻烦的。"

对于周围的人而言，自我标榜型笨蛋总是给大家带来麻烦，是令人难以接受的。

◆ "职业规划"型笨蛋

随着"职业规划"这个词被引进学校教育和录用面试领域，新出现了一种"职业规划"型笨蛋。

有人对我抱怨，当向新人分配工作时，总会听到他们反问："这与我的职业规划有什么关系？""这项工作对我将来的职业规划有什么帮助吗？"

这令我不由得想问问他们："你真的不知道吗？这些工作对于公司而言是至关重要的，因此必须去做。仅此而已，与你的职业规划没有任何关系。"但是，却又不得不忍住不说，一旦不小心说走嘴了，就可能被投诉"利用职务以大欺小"。

我们又不是先知，不可能知道什么会对未来有用。往往是事情过去了，才会觉得"没想到这个经验还能发挥作用"。

如果要问大家 5 年或 10 年之前是否能想象到自己现在的样子，恐怕每个人都会回答"想象不到"。同样，强迫现在的自己去预测 5 年或 10 年之后的职业规划，也是没有任何意义的。因为现实总是会

别让三个笨蛋毁了你的前途

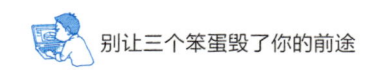

脱离想象的。

更何况随着 IT 革命的不断深化，我们越来越难把握时代发展的脉络。因此，就算我们花费了大量精力去做职业规划，未来也难以如愿。"不会这样发展"之类的情况将会成为常态。即使是运气好的时候，能够实现自己的一些设想，大家也往往觉得这只不过是偶然被幸运女神眷顾而已，绝不是按照自己的计划实现的。

这个道理只要稍微思考一下，大家都能明白。但是，现实的情况是，越来越多的年轻人开始对职业规划深信不疑，总是将"这项工作对我将来的职业规划有什么帮助吗？"挂在嘴上。

在工作一线，无论是人力资源部门还是管理层，都对这种思维方式相对僵化的"职业规划"型笨蛋感到头痛不已。

◆ **崇尚虚名型笨蛋**

我经常听大家说，如果周围有那种满腹牢骚的同事，总是觉得"就算干成了这项工作，也完全体现不出自己的价值"，就会变得一筹莫展。

也有一些人会坚持认为"必须出人头地"，从而毅然决然地选择跳槽。

甚至有些对工作一窍不通的人也会打趣地说："虽然我知道这个请求有些过分，但是，还是希望你能给我一个闪亮登场的机会。"

第一章　植根于组织内部的笨蛋们

近年来，崇尚虚名型笨蛋的数量不断增加，这是因为日本政府致力于推广"建设一亿总活跃社会"①和"女性活跃社会"的施政目标，过度刺激了大家自怜自爱的意识。

政治家们在做事时，总是希望掌控权力，做出炫目的政绩，而普通人如果按照这种自私的思维方式来工作的话，必将一事无成。我想那些崇尚虚名型的笨蛋一定没有搞清楚这一点。

并不是所有的人都是为了虚名而工作的。大多数人都是为了生存，或者为了养家糊口而拼命工作的。就算干不成什么惊天动地的大事，就算每天都在重复一些常规性的工作，就算生活不如想象的那样顺利，而是充满了艰辛，大家还是不停地给自己打气加油，拼尽全力地工作。通过这样一点一滴的积累，不断锤炼自己，从而收获充实感和成就感。无论做什么工作，这种一心一意谋发展，坚持不懈干事业的姿态都是最为灿烂夺目的。

当然，女性参与社会建设是一个非常重要的课题。但是，"总活跃社会"和"女性活跃社会"这些措辞容易蛊惑不明真相的人，导致

---

① 2015年，日本首相安倍晋三提出了实现"一亿总活跃社会"的施政目标。"一亿总活跃社会"是指将日本建设成一个国民人人都能在家庭和职场活跃的幸福国家，这里的"一亿"是指日本的人口数量。

大家只关注如何去彰显自己的个人魅力，从而对目前从事的"无法令自己闪耀"的工作产生不满，最终放弃好不容易找到的就业机会，走上一条错误的人生道路，成为崇尚虚名的笨蛋。

这种类型的笨蛋会影响周围的氛围，也会导致本人误入歧途。他们与"职业规划"型笨蛋一样，都会亲手扼杀掉自己的职业生涯，也可以说是当今时代风潮的牺牲品。

◆ 钻营评价型笨蛋

有一种人非常在乎领导的看法，总是处心积虑，想要获得上级的肯定和高度评价，在周围的人看来，这种人是非常滑稽可笑和丢脸的。但是，由于社会上片面重视人事评价的风潮愈演愈烈，最近这种钻营评价型笨蛋也越来越多。

可能是受这种钻营心理的影响，那些鼓吹"赢得好评的技巧""如何博得上司欢心"等内容的抓人眼球的商业书籍和培训网站开始备受青睐。一旦读者被这些思想毒害，就会产生急功近利的念头，从而忽视积累经验、夯实基础，不愿意去下工夫学习对工作有益的知识和技术，放着眼前实打实的工作不去做，光是抢着去研究对人事评价有利的技巧，彻底退化成舍本逐末的笨蛋。

结果不言而喻，虽然一直苦心经营，想要赢得比其他人更高的评

第一章 植根于组织内部的笨蛋们

价,到头来却是竹篮打水一场空,只能徒留遗憾。

由于一心钻营评价,有些人甚至会大讲特讲"自身的不利条件"。

所谓"自身的不利条件"是指:当人们遭遇失败或发挥不如别人好时,为了防止自己被别人低估或伤害,通过强调自身面临的不利条件,为自己开脱的自我保护性心理机制。

比如,在升职考试当天早上,会给自己做铺垫说:"最近家里面总是杂事不断,根本没有时间认真准备考试。"在考试结束后,会给自己开脱说:"从昨天开始,身体就一直不舒服,今天还在发高烧,完全不在状态啊!"

周围的人早就习惯于听他们找借口,因此,表面上会附和着说:"是啊,确实太不容易了!"但内心中却早已经看穿了对方的想法,觉得"根本就是缺乏自信心啊!"。

在上司中,也有一些钻营评价的笨蛋。

例如:每次看到上司的时候,都觉得他忙得不可开交。因此,不想因为一些琐事去给他添麻烦,就算真有想要咨询的事情,也基本上靠自己一个人来推进解决。

结果到头来反而会令上司感到不爽,直接质问:"你是觉得我不可靠吗?为什么不找我商量呢?"搞得自己哑口无言。有时遇到其他部门熟悉的上司,得到一些宝贵的建议,结果就真的捅了马蜂窝,令上司觉得是不是在讽刺自己无能,导致双方的关系降到冰点。

这令我明白了一个道理，那就是上司们也非常在乎别人是如何评价他们的，在这一点上大家都是一样的。

他们非常敏感。无论是谁，都会为别人如何看自己而感到不安。

虽说是上司，也不能例外。他们总会关注下属是否信任自己。因此，当下属不过来找自己汇报情况时，就会变得不安起来，心里不停念叨："是不是大家都不信任自己了呢？""大家是不是都觉得和我汇报没有用呢？"一旦大家过来汇报后，就会如释重负，觉得"大家还是依赖我的"。

从下属的角度来看，上司这种纠结摇摆的状态，会让人感到很失望，觉得他们靠不住，令人缺少安全感。出乎我们意料的是，这种钻营评价型的笨蛋为数不少。

下属虽然没有什么恶意，但是，上司却不这么认为，他们总怀疑大家把他们当作傻瓜一样对待，并且在这种受害者意识的支配下，打算找下属麻烦，拖后腿，使绊子，可以说这也是钻营评价型笨蛋无法克服的特性。

◆ 热衷活动型笨蛋

无论在哪儿，都有一些热衷于参加各种活动仪式的人。公司内的活动是增进团队内部成员感情的有效手段，本身并没有什么害处。但

第一章　植根于组织内部的笨蛋们

是，问题在于一个度，有人将活动仪式看得比工作更重要，这种热衷社交的人才是真正的麻烦。

这些人在工作期间，总是无精打采地盼着上班时间快点儿过完。但是，一旦到了酒会、赏花、体育比赛等活动和仪式的现场，就像打了鸡血一样，焕发出无限的活力。他们又不是孩子，在周围的人看来，完全不明白这些人为什么会那么充满激情地投入到活动中，令人感到惊讶不已。

比如，在筹划某次会议时，他们会主动担任组织协调人员，从总体筹划、选定酒店到预约会场，全程热情服务，帮助大家解决许多问题。但是，在上班时间，他们也光是考虑活动的计划安排，根本没心思工作。就算你这边忙得不可开交，他们也完全不在乎，反而会不断搭话，打断你的思路。

"我们应该准备什么酒水才好呢？"

"节目单就这么定了吗？还有没有什么有意思的演出没安排上呢？"

"这家店怎么样？我感觉氛围和环境都不错，但是，菜单还需要再斟酌一下！"

有时真是令你厌烦到想要大声斥责他："什么都行啊！你能不能安静点儿？"但是，不管他级别多低，也不能这么直接地批评，处理起来非常麻烦。

在酒会现场，如果你客气地表扬他："你考虑得真周到啊，真是帮了大忙！"他就会感到非常骄傲，好像自己谈成了一个大合同一样，兴奋得不得了，从而变得更加热衷于组织活动了。公司内部活动仪式的组织的确非常耗费精力，如果有人能帮忙筹备，的确是非常有用的。但是，如果每个人都这么做，整个公司就会陷入困境。

不仅是上司，甚至连同事、下属和徒弟们都会觉得"如果他能将这份热情用在工作中就好了"，纷纷质疑他为什么只对活动这么全心投入。

可以毫不夸张地说，每个单位都有这种类型的笨蛋。

◆ **故意加班型笨蛋**

当公司为了削减经费开支，要求员工控制加班时间时，故意加班型笨蛋就会感到愤愤不平。

当手头有大量需要处理的文件时，当然应该加班完成。当客户要求提供紧急资料时，为了赶时间只能加班加点完成任务。当发生意想不到的事故和问题时，也必须加班进行处理。每到月末，也必须加班多日以完成业务指标。在这些情况下，大家都不得不加班。

疲劳过度是不可持续发展的。但是，为了正当的目的加班加点也无可厚非。

但是，<u>在正常的上班时间内消极怠工，故意等到下班时再加班工作，希望赚取加班费的行为是不可取的，这种人就是故意加班型笨蛋。</u>

第一章　植根于组织内部的笨蛋们

如果光是想着加班赚零花钱，就会影响正常上班时间的工作节奏，导致效率低下。这样一来，很快就会被大家识破，觉得这种人就是故意通过加班赚钱。

有些员工对这种笨蛋的意见非常大。比如，偶尔遇到多个人分担同一工作的情况。此时只有故意加班型笨蛋的工作进度会大幅滞后，这一点非常明显，但上司却没有识破他们的真实想法，令人感到非常愤怒。

这种类型的人一般都会给自己找好借口。

他们经常用来解释为什么自己比别人干得慢的说辞是："我们不想因为自己的粗心大意给别人添麻烦，因此，抱着谨慎的心态对工作进行了认真的审核，从而耽误了进度，对此感到非常抱歉。"

对此，上司们往往比较容易理解和接受。

但是，每天与这种笨蛋一起工作和生活的同事是非常清楚真实情况的，他们会质疑："这么睁着眼睛说瞎话良心会好过吗？"并感到不可思议。然而，故意加班型笨蛋却不以为然，觉得这么做没什么，根本没必要感到羞愧，也不需要进行反省。反过来看，如果他们真有反省的想法，一开始就不会主动去这么做了。

目前，日本社会正面临着过度加班的问题。但是，故意加班型笨蛋与过度劳累之间没有任何关系。这是因为他们无论在正常工作时间，还是在加班时间，都没有将全部精力投入到工作中。只是在那里磨洋工，出工不出力，根本就不会劳累疲惫。

◆ **装可怜型笨蛋**

装可怜型笨蛋的特征是：借着真正饱受上级"以大欺小"凌辱的员工的名义，企图我行我素，摆脱约束限制。有些单位被这种类型的员工搅得混乱不堪。

比如，一谈到工作单位，有的人对我抱怨说："某些人平时只要一张嘴就恶语相向，总是横挑鼻子竖挑眼，净看别人的毛病，具有极强的攻击性。同事都不愿意和他们相处，当他们的上司真的很可怜！"

这令我感到非常奇怪，于是接着问他为什么觉得上司可怜，他用诧异的语气回答说："这种类型的人总是犯相同的错误。一旦上司严肃地提醒他们注意，就会向其他部门的人抱怨上司不好相处，污蔑上司总是故意找茬，以大欺小。由于总是出现这种情况，公司内部就会谣言四起，纷纷批评上司不近人情，好整人欺负人。结果很快就会引起公司高层的注意，甚至会找上司谈话，了解情况。真的非常同情上司的遭遇，不知道究竟谁才是'以大欺小'的受害者啊！"

无论哪个单位，都有不少上司会对这种装可怜型的笨蛋感到头痛不已。正是这个原因，当看到上司们不得不谨小慎微地进行应对时，

第一章　植根于组织内部的笨蛋们

有些人会感到非常同情。在这种社会风气下，上司面对这种事情，只能像对待烫手的山芋一样，唯恐避之不及。

◆ **骄傲自大型笨蛋**

当下属犯了错误时，如果批评说："你究竟在干什么？要是得罪了客户，就不好交代了。"还算情有可原。

但是，如果每次都不忘夸夸自己，总是骄傲自大地吹嘘："我年轻的时候，就非常了解客户的想法。这里面是有诀窍的，比如……"

同样的话听得大家都感到厌烦了。只能违心地频频点头称是，实际上只是左耳听右耳冒，根本听不到心里。如果他是真心地教给大家工作的诀窍，那么，大家肯定会感到心悦诚服。但是，实际上他们的目的并不单纯，最终不过是想炫耀自己的辉煌业绩罢了。

对于这种上司，应该尽量敬而远之。但是，恰恰是这种上司，平时最有空闲时间，因此，他们总是强调交流的重要性，口口声声引诱大家说："平时工作中几乎没有什么交流的机会，只有利用吃饭的机会创造和大家谈心的场合，希望大家能够坦率地对我讲讲平时的所思所想。"

在他的提议之下，部门会定期召开会议。但是，上司在会上只会吹嘘自己的辉煌业绩，会议彻底沦为了他炫耀的场合，大家对此感到无比厌烦，纷纷抱怨："又开始了！""真难熬啊！"上司却对此没有任何感觉，反而意气风发地侃侃而谈，不断地向大家塑造自己的高大形象。许多人都非常讨厌这样的上司，感到无所适从。

每个单位都不乏这样的骄傲自大型笨蛋，下属们对他们感到无比厌烦。但是，最近社会上开始流行自我表现之风，年轻人中间出现了许多喜欢出风头、给周围的人带来困扰的人，这种骄傲自大型笨蛋的数量在急剧增加。

◆ **强调合规性型笨蛋**

近年来，日本企业的理念趋于保守，将"宁可不得分，也要避免失分"作为金科玉律。也就是说，宁可不出成绩，也绝不愿意冒任何风险。

正是基于这种企业文化，才出现了"合规性（compliance）"这个外来语。因此，从消极角度思考问题的消极派也就越来越有发言权了。这样一来，强调合规性型的笨蛋也就随之登上了舞台。

如果上司属于这种类型，那么，一遇到挑战他就会推脱说："这么做不太好。毕竟现在是一个重视合规性的年代。"并阻止下属和同事继续提出建议。

第一章　植根于组织内部的笨蛋们

　　就算大家内心都有"破釜沉舟""决一雌雄"的想法，但是，由于他们极度害怕失败，在面对挑战时就会选择退缩。在面对新鲜事物时，他们也会害怕遇到困难连累自己受到指责，总会尽量选择规避风险，从而放弃所有挑战。

　　由此可见，"合规性"是一个非常好的借口。只要祭出"合规性"这个充满魔力的词语，就可以阻止自己不想做的一切事情。

　　当然，遵守社会规则是非常重要的，我们决不能出现违反伦理道德的行为。但是，就算在伦理上没有任何问题，有时也会出现规则规定远远落后于时代发展的情况。

　　为了避免发生问题，人们往往用规则来限制大家的行为。但是，从单个事例来看，有时这些限制是完全没有必要的。

　　如果冷静思考，就会发现根本不必使用"合规性"这个词来阻止或限制大家行动。虽然大家都明白这一点，但是，一旦使用了"compliance"这个词，英语不太好的人就会产生条件反射，觉得"可能确实是这么回事"，从而令强调合规性型笨蛋有机可乘。

　　一旦遇到这种上司，下属们就会丧失斗志，纷纷变得消极怠工起来，觉得只要按照最低标准应付完工作就可以了。那些一心扑在事业上的人，以及为单位发展前景忧心忡忡的人，会被强调合规性型笨蛋束缚住手脚，在原地踏步，无法实现自己的理想和抱负。

别让三个笨蛋毁了你的前途

◆ **故作糊涂型笨蛋**

自己明明是按照上司的命令和指示开展工作的。但是,一旦遇到了问题,就会被上司甩锅,推脱责任说:"我没有下过这个命令啊。""我不知道啊。"对此,大家都感到愤恨不已,许多人都有类似的经历。

有人就向我抱怨,在推进某项活动的准备工作时,自己完全按照规矩,边请示汇报边积极准备。由于上司回复说:"我这边太忙了!这种事情你拿主意就行了。""这么点事情都要我来定吗?你自己稍微动动脑筋不行吗?"于是,就隔一段时间汇报一次,一边观察着上司的反应,一边继续推进工作。

但是,当其他部门指出活动内容方面存在的问题时,上司就突然翻脸不认人了,大发雷霆地训斥:"你究竟是怎么想的?我怎么什么都不知道?你为什么自作主张!"

从平时汇报时上司的反应来看,他对之前的方案应该是默许的,并且,每次他都是边听汇报边点头,给人一种认同接受的印象。因此,就鼓起勇气问他:"我是按照科长的意向推进工作的啊……"

但是,他却矢口否认,并且更加严厉地责难道:"我怎么不记得自己是这么要求的!"他确实没有用"这么做"之类的明确说法来下

第一章　植根于组织内部的笨蛋们

达命令，但是，从实质内容来看，他无疑是默许了的。不少人都曾面对过这种令人难以接受的尴尬局面。

之所以会出现这种情况，在很大程度上也要归咎于日本社会在沟通交流方面特有的暧昧性，也就是遇事不说透，要靠默契和猜测来领会的特性。在具体执行时，下属要思忖上司的真实意图，并积极付诸实践。

结果，在发生问题的情况下，就会出现上司借"我没有下过这个命令啊""我不知道啊"等托词逃避责任的情况。

我们在日本国会直播中，经常会看到这种逃避责任的答辩场景。在这种情况下，经常听到被害者吐槽"陷入了进退两难的境地"。

同样，当被上司出卖后，大家也会火冒三丈，觉得自己被戏弄了，但是，仔细想想，对方确实也没有给出明确的指示，如果只是坚持认为他们的表情和动作已经默许了，是缺少说服力的。正因为如此，这种故作糊涂的笨蛋才能在充满日本特色的组织中横行霸道。

在某种意义上，还有一种故作糊涂型笨蛋，他们并不是故意要推卸责任，只是控制欲很强罢了。无论什么信息，只要他不知道就会感到不爽，就算是本不该他知道的事情也不例外。当在公司的会议中发现与自己同一级别的人掌握的情况比自己多时，他就会怒火中烧，觉得自己是不是被排挤了，下属在心里是不是不把自己当回事。这种类型的笨蛋也不少见。

别让三个笨蛋毁了你的前途

◆ 笨蛋当然是缺乏自知之明的

正如上文所述，无论哪个单位都有各种各样的令人感到棘手的笨蛋，他们给周围的人造成了极大的困扰。但是，他们往往缺少自知之明，根本感觉不到自己给别人带来的麻烦。从某种意义上来看，这是心理过于"强大"的缘故。

心理学家谢利·泰勒（Shelley Taylor）和乔纳森·布朗（Jonathan Brown）认为，精神强大的人都拥有三种幻觉。所谓"三种幻觉"是指下述三种心理倾向：

一是与实际不符的积极的自我评价；
二是夸大对控制或优势的认知；
三是不切实际的盲目乐观。

其中，第二种倾向——夸大对控制或优势的认知可能比较难以理解，但是，换句话说，大家可能就容易理解了，那就是觉得每件事情都在自己的掌控之中，会按照自己的想法发展。

正因为拥有这三种幻觉，扎根于各个单位之中的笨蛋们才会自我感觉良好，就算被大家疏远，身背"这家伙根本办不成什么事""光是想着明哲保身，太跌份儿了""光是说大话，太不像话了"之类的

第一章 植根于组织内部的笨蛋们

负面评价，也觉得自己没有什么值得诟病之处。明明给周围的人带来了麻烦和困扰，却可以毫不在乎。

当然，还有一种过度在意他人评价的笨蛋。他们往往会虚张声势，浑水摸鱼。不切实际的盲目乐观主义者往往能够活得更加舒服，这一点已经被许多数据所证实。

心理学家马丁·塞利格曼（Martin E.P. Seligman）通过研究发现，悲观主义者患传染病或接受治疗的概率比乐观主义者高 2 倍左右。在对免疫力进行研究后，他发现乐观主义者的免疫功能更为活跃，而悲观主义的思维方式更容易破坏人体免疫力。

此外，他还发现 60 岁时的健康状态与 25 岁时的乐观程度紧密相关。也就是说，悲观的人会比乐观的人更早罹患重病，在 45 岁时，两个群体之间就会产生较大的健康状态差异。由此可见，决定 45 岁以后健康状态的最重要因素就是乐观程度。

按理来说，这些拥有三种幻觉、总是处于盲目乐观状态的人，是极为健康的。但是，如果每个单位都只有这些光给周围的人带来麻烦的笨蛋是健康的，那么，就非常令人困扰了。

当正常的人们遭到排挤打压纷纷离开，导致单位只剩下些笨蛋顽强地生存下来时，局面就会失控，必须采取措施进行应对。

就算我们拿单位内的笨蛋没有任何办法，最起码也要学会明哲保身之术，免受这些笨蛋之荼毒。

别让三个笨蛋毁了你的前途

2 尤为棘手的三种笨蛋

第一种是热衷开会型笨蛋。他们会故意说:"这件事不能就这样定了,必须开会讨论之后才能决定。"将原本不需要大家商量的事情提交到会议上解决。当大家忙得不可开交时,他们会假借"有个重要问题必须讨论"的名义,召集大家开会,结果讨论的都是些无关痛痒的事情,议着议着就开始闲聊起来,浪费大家的宝贵时间和精力。

第二种是死抠规定型笨蛋。他们会因为不合规矩就否定一项工作,不予批准,例如:"我认为你的创意非常好,但是,与此次的方针相悖,因此,通过不了。"更有甚者会让你花费大量时间去准备一大堆繁琐的手续和文件,在等待审批的过程中浪费时间,白白错过机会。比如,"我非常理解你不想错过时机的心情。但是,规定就是规定,必须遵照流程执行"等。

第三种是"唯数字论"型笨蛋。他们光是强调数字的重要性,总是说:"如果有什么想要表达的,请用数字来说话,这样最简洁明了。"

第一章 植根于组织内部的笨蛋们

根本不会去管无法用数字表达的内容。

他们总是将"数字不会说谎"挂在嘴上，整天强调要提高数值，却从来不考虑如何才能提高数值。

这三种笨蛋都非常麻烦，这是因为乍一看他们所说所做的都是正确的。

充分发扬民主精神，通过召开会议广泛征集大家的意见和想法，避免偏听偏信、随意决策，这绝不是一件坏事。

我们也难以驳斥恪守规矩的重要性。

当上司要求提供简单直观的数字时，你虽然觉得非常困惑，却也难以找到拒绝的理由。

如果对方明显是在胡诌八扯，那么，是非常容易驳倒的。但是，这三种笨蛋的说法乍一看非常合理，令人感到难以驳斥。因此，会助长他们的嚣张气焰。

在向其他人倾诉时，对方也很难感受到你所处的困境。

即使能够指出问题的弊端所在，抱怨这种热衷开会型笨蛋说："这件事本身与其他成员之间没有任何关系，如果光是为了避免随意决策，就提议'应该开会讨论，由大家共同审议'，会严重影响工作效率。"也难以得到大家的理解，反而会被质疑："与独断专行相比，这种方式岂不是更为合理？一旦遇到了事情，大家就知道独断专行的问题了。"

当你对死抠规定型笨蛋有意见，向其他人感慨说："上司总把'规定就是这样，不符合就不能办'挂在嘴上，光是想着按规定办事，根本不批复我的建议。"也不会得到大家的理解，反而会被批评："毕竟这是一个重视服从的时代。"

当你吐槽"唯数字论"型笨蛋太过固执，总是坚持认为"不管你提多少合情合理的意见，也不管你多么坚持自己的主张，这些都是缺乏说服力的，只有数字不会骗人"时，也容易引起大家的误解，怼你一句："无论怎么说，数字都是最有说服力的，这一点没有任何问题啊！"结果只能就此打住，无法再接下去。

正因为如此，这三种类型的笨蛋才更让人觉得头疼不已。于是我决定通过本书，探讨这三种令大家苦不堪言的笨蛋的行为，希望通过分析其心理机制，和大家一起分享经验教训，帮助大家掌握"防身"技巧，免受其危害。

第二章

为什么热衷开会的人是笨蛋呢
(剖析其令人困扰的行为及深层的心理机制)

本章将对热衷开会型笨蛋的实际个例进行分析研究,希望明确其心理结构,搞清为什么这种笨蛋能够为所欲为,这其中是不是暗含着日本人特有的文化原因呢?

光是在这儿坐着,
就能白领钱!

根本没什么
可说的……

无论什么
都可以
畅所欲言!

第二章　为什么热衷开会的人是笨蛋呢

1 异常热衷于开会的典型实例

◆ 无论遇到什么事情总想找理由开个会

有些人遇到芝麻大的事情，也想找借口开个会。就算根本没必要将大家聚到一起商量，也会经常创造机会开会，并且，口口声声说："在工作过程中，最重要的就是沟通交流。""为了防止出现沟通障碍，必须做到充分交流，畅所欲言，这一点至关重要。"

当需要对问题进行研判时，他们往往会提出"需要将大家的智慧集中在一起"，于是就事无巨细地开会商量。就算是只需要相关人员参与磋商的问题，也要将部门内的所有人员都召集起来，特意开个大会共同商量。

当发生什么问题或者遇到不清楚的事情，需要进行确认时，明明只与几个人有直接关系，只要问问当事人的意见就可以了，偏偏要把大家聚在一起召开全体会议进行汇报，总爱把简单的事情搞得复杂起来。

如果这种笨蛋当上了部门负责人，拥有了召开会议的权限，就会变得一发而不可收拾。一遇到事情就想要召开会议，搞得民怨沸腾，苦不堪言。

◆ 忽视现场繁忙的工作状况，热衷于召开会议

令大家最为不满的是这种类型的笨蛋整天都无所事事，觉得时间很充裕，根本不考虑一线的实际情况。在大家都忙得不可开交的时候，还频繁召开会议，严重影响个人工作。

他们会在客户最多的时间段召开会议，明明一线人手已经不足了，还要将负责人都集中起来。搞得大家都不明白，纷纷质疑为什么非得要在这个时间段开会呢？

还有些人喜欢在员工外出走访客户时下达开会通知，导致他们无法正常开展业务，造成营业额持续走低，让整个单位蒙受损失，对此，大家会感到非常奇怪，觉得他们为什么就不懂这个道理呢？

明明是自己只顾召开会议，拖了营业额的后腿，却把责任推给大家，严厉地批评下属："我们部门的业绩比其他部门都差，你们要再认真一点。"结果自然无法服众，甚至会被质疑别的部门可没有这样的笨蛋上司，他们可不会在宝贵的工作时间内被召集起来开会，导致

第二章　为什么热衷开会的人是笨蛋呢

无法外出走访客户。

◆ **没有意义的会议泛滥**

在大家对会议的不满意见中，最突出的就是工作时间内充斥着大量毫无意义的会议。如果是必要的会议，大家都没有任何意见。但是，如果光是安排些毫无意义的会议，就会招致大家的强烈反对。

比如，大家都非常讨厌那些只是念念文件的会议。实际上，根本没有必要将大家召集在一起，只要通过纸质文件或电子邮件下发资料就可以了，却偏偏要大费周章地召开会议。结果耗时耗力，导致员工们无法集中精力开展一线工作，影响整体效率。

有些人反映现在的会议都是必须参加的，只能硬着头皮出席。结果到了会场，才发现全都是和自己无关的议题，感到焦急万分，一心只盼着会议能早点结束。

还有许多人对开会的内容和流程感到不满。

比如，有的人抱怨现在的会议许多都是缺乏明确的目的，光是冠冕堂皇地讲些大道理，根本不知道开会要做什么样的决定，解决什么问题。

也有人抱怨说，明明说好开会是要一起商量做出决定的，但是，根本不向我们提供用来做出决定的参考资料，就算大家都聚在一起，结果发言的还是那几个相关人员，因此，完全不明白为什么要特意把我们几个叫上。

这样一来，大多数团队成员都会产生厌烦心理，感到非常郁闷，这是再正常不过的反应了。

开会需要提前准备议事日程，并记录会议过程。有的员工反映一旦会议过多过滥，做会议记录就变成了一项繁琐复杂的工作，会占用大量的工作时间，成为沉重的负担。要是会议的主题不明确，员工根本就不知道为什么要开会，做起记录来就会感到一头雾水，完全找不到要点，长此以往，就会产生焦虑不安的复杂心态。

有时，出席会议后，会发现"这个问题之前不是讨论过吗"。这会令人产生一种似曾相识的感觉，从而对自己产生怀疑。因此，在会议结束后，会向那些工作能力突出的人请教，结果他笑着说："我也不好直说，这个问题之前讨论过不止一次了，而且会议做出的决定似乎也和以前一样。这么做不是浪费时间吗？要是做出的决定不同还可以理解。"

我自己也不止一次经历过这样的事情。热衷开会型的笨蛋们非常喜欢与大家交流。但是，他们总会轻易忘记自己说过的话，也许他们认为交流的意义只是在于倾诉吧！

第二章　为什么热衷开会的人是笨蛋呢

◆ 决策的仪式，所有的人都是热衷开会的傻瓜吗

有些人觉得会议不过是个形式，没有任何意义。无论自己怎么发表意见，到头来上司还是会将自己的意愿强加给大家。因此，在会议上无论说什么都没有任何作用，这么做无疑是浪费时间。那么，这一系列的流程到底有什么意义呢？

一般的会议流程是召集员工开会，围绕今后的方针和措施提出一系列具有可行性的方案，并征求大家的意见，鼓励大家畅所欲言，不要有保留。之后，经过充分讨论，以投票的方式，按照少数服从多数的原则，最终确定一个方案。但是，如果上司提出觉得其他的方案更为成熟，并且不断罗列相关理由，嘱咐大家最好按照这个思路来思考问题，情况就会发生变化。

一旦上司这么说了，谁也不能再提反对意见了。这令大家不得不怀疑会议中的讨论到底有什么用？

在与政治家和官僚相处的过程中，常常会用到"忖度"① 这个词，也就是要不断揣测上司的想法，以赢得其对自己的好感。但是，现在

---

① 日本网络流行语，指"揣测上司或上位者的心思及意图，并通过积极响应来表现自己"。

别让三个笨蛋毁了你的前途

大家普遍认为在许多单位的会议中,也出现了这种情况,参加会议的人纷纷揣测上级的想法,导致会议沦为一出滑稽的闹剧。

比如,虽然上司提出的方案破绽百出,有许多问题值得推敲,但是,大家都抱着巴结领导的心态,光提一些不痛不痒的问题和意见,根本不想认真地进行探讨论证。就算是大家都认为有问题的部分,也没有人敢直接指出来。

这些人并不是没有分析问题的能力,不是指不出来问题所在,只是在揣摩上司的意图,尽量避免触到上司的霉头,导致自己无端遭到报复。

这样一来,上司提出的方案总能顺利得到通过。在执行过程中,一旦发现方案存在问题时,上司就会说这是在会议上大家集体商定的,责任在于大家。

结果,开会就成了上司们逃避责任的手段。从这种意义上来看,明明知道上司的方案存在问题却不肯指出,反而与他一起承担责任的所有人都算得上是热衷开会型笨蛋的一员了。

虽然大家都认为这种会议没有任何意义,但是,由于是会议,就不得不出席,只能无精打采地坐在会议室里发呆。从而,觉得自己也沦为了热衷开会的笨蛋,变得无比厌烦起来。

第二章　为什么热衷开会的人是笨蛋呢

◆ 一旦开起会来就讲个不停

动不动就开一些没有意义的会是令人非常无奈的。但是，更糟糕的是这些会议往往拖得时间很长，令人感到备受煎熬。

相同的内容往往会重复许多次，并且延续很长时间，因此，参会人员就会焦急等待，盼着会议早些结束。由于会议往往在开始之后不久就会陷入闲谈的局面，因此，大家都希望不要无谓地延长会议时间，最好能够少扯那些无关紧要的闲话。

在开会过程中，上司往往会吹嘘自己的成功经历，树立高大形象，对于听众而言，这无疑是在浪费时间，当然会让人焦虑急躁，因此，如果可能的话，大家谁都不愿意去参加会议。

有些事情明明只需要审批一下就可以了，但是，有些人就爱挑毛病，问一些无关痛痒的小问题，以此彰显自己的能力水平。当这些热衷开会的笨蛋开始发言，大家就会陷入焦躁的情绪之中。

当然，也有一些人非常热衷于开会，他们会表达各种反对意见，积极提出疑问。而那些希望尽早回到工作一线干活儿的人则会一直保持沉默，祈祷会议尽早结束。

总体来看，大部分人对于拖沓冗长的会议是十分不满的。

有些上司本身并不想将会议拖得很长，也不愿意高谈阔论，但是，却因为提问方式存在问题，偏离了会议主题，导致浪费了大量时间，令周围的人感到焦躁不堪。

比如,并不了解一线的工作情况,在会场上光是做一些偏离主题的发言。

明明自己的头脑并不灵活,却想掌控整个会议的局面,根本不明白对方要表达的意见,却硬要发表自己的看法,结果导致会议跑题,陷入混乱局面。

我想肯定有不少读者会对此有共鸣,觉得自己的公司中不正有这样的人吗?

大学里的闲人非常多,经常会有一些拖沓冗长的会议,令人感到焦躁不已。有些学者会脑洞大开,想到什么就说什么,格外喜欢随意漫谈,结果导致讨论的主题四外发散,无法收尾。

有时,会议会拖上一整天,令人觉得"今天一天白白浪费了,什么都没干成",并且,会感到疲惫不堪,但是,与大家一起出席会议的教师们却意犹未尽,纷纷表示:"今天一天过得真是精彩充实啊!""这么工作下来,真的令人感到充实愉悦啊!"

热衷开会型笨蛋只要能够出席会议,就会觉得充实而有意义。

第二章　为什么热衷开会的人是笨蛋呢

◆ 是不是战国时代电视剧①看多了？开会时满脑子都是权谋心计

有些人将全部精力都放在了开会上，甚至令人怀疑他们是不是忘记了自己的本职工作。这些人将开会当成了自己的使命，每天光是研究如何能将会开得更有水平，根本不去考虑自己的本职工作。

他们每天都在会议策略上耗费大量的脑细胞，并为此感到洋洋自得，比如，"在会议中，如果从这个角度切入，就会令对方感到压力，逐渐露怯。""不能将对手逼得太急，要给他们留一条活路，并且提前在那里准备好诱饵，引诱他们进入陷阱。""决不能在对方面前先露出自己的底牌。"但是，一旦被上司要求专心干自己的本职工作时，就会感到束手无策。

在这些人中，有的是看战国时代的电视剧看多了，结果产生了错觉。整天都在谋划，觉得自己必须时刻小心，决不能陷入被动局面，

---

① 日本战国时代（1467年~1585年或1467年~1615年），一般指日本室町幕府（1336年~1573年）后期到安土桃山时代（1573年~1603年或1568年~1603年）的这段历史。战国时代是一个动荡的社会转型期。经济上，商品经济发展，资本主义萌芽产生，向近代过渡。政治上，分裂走向统一，前武家时期政治制度转变为后武家型。文化上，世俗化（去宗教化）倾向出现，民众有了自觉意识，思想上更加开放自由。而以此为题材的战国时代电视剧多着重刻画这一时代各个政治集团间错综复杂的紧张斗争。

并且，总爱拿战国时代武将的事迹做例子给大家训话。当你想对他说不要光是在那空想这些没有意义的权谋之术，应该好好处理眼前的工作时，他却不以为然，满脑子考虑的都是权谋游戏。

还有些人虽然没有这么善于玩弄权术，却也热衷于各种会议，导致自己陷入困境无法自拔。

这些人将自己全部的精力都放在制作会议摘要和展示幻灯片的形式上，结果做出来的PPT非常炫酷，但内容却很单薄。脑子里考虑的都是注重形式的面子工程。但是，只要内容中没有独到之处，不管形式多么高大上，都是没有任何意义的。如果上司属于这种类型的笨蛋，那么，无论如何都无法赢得大家的尊重和信任。

第二章 为什么热衷开会的人是笨蛋呢

2 热衷开会型笨蛋是怎样给大家带来麻烦的呢

在这一节中,我们将对热衷开会型笨蛋的本质进行剖析。首先,大家可以回想一下自己的工作单位,是不是觉得"真的,真的,我周围就有这种热衷开会型笨蛋"呢?

下面,我们将展开深入挖掘,进一步明确这种热衷开会型笨蛋究竟是怎样给大家带来麻烦的?以及他们为什么会被认为是工作单位的害群之马?

◆ 会对一线业务造成阻碍

如果热衷开会型笨蛋在公司中掌了权,那么,所有的人都会被逼着去参加毫无意义的会议,陷入文山会海之中,甚至没有时间去钻研自己的主业。

在最忙的时候,碰上单位要开会,结果没时间去处理紧急工作,耽误正事。

会议时间拖得过长，迟迟不结束，导致许多工作出现延滞，一线工作人员的工作进度大幅落后。

在客服工作现场，如果选择客户较多的时间段开会，就会导致一线人手不足，无法满足客户需求，影响服务质量。

在频繁召开会议、每次都需要一线负责人出席的情况下，一旦遇到紧急情况，一线人员就无法第一时间对上请示，很容易出现混乱局面。

在需要外出办理业务时，一旦遇到会议，就必须推迟出外勤的时间。这样一来，就会对完成额定任务造成阻碍，甚至会给整个部门的业绩带来负面影响。

如上所述，许多人都有受到热衷开会型笨蛋影响，导致浪费重要的工作时间，严重影响工作效率的经历，并对此感到苦不堪言。

◆ 通过会议做出决定需要花费时间，无法发挥机动能力导致进度延迟

对于那些积极果敢、勇于挑战高难任务的人而言，热衷开会型笨蛋无疑是前进路上的障碍，会延缓他们开展工作的脚步。

比如，在研发部门中，大家都信奉一条"金科玉律"：无论做什

么都需要通过文件进行申请,并等待会议决定。这样做有一个弊端,那就是凡事都必须等待会议批准,会浪费大量的时间,导致商品研发进度迟滞。明明可以将这个权限下放给最了解研发实际情况的一线,但是,却过不了凡事都要开会的热衷开会型笨蛋这一关。

销售部门有时需要根据客户需求变更方案内容,但是,热衷开会型笨蛋却坚持必须事先经过会议批准才能变更。这会浪费大量时间,无法机动满足客户需求,从而在与竞争对手的角逐中处于落后地位。

从道理上讲,凡事慎重决策,认真执行,避免发生错误是没有任何问题的。但是,热衷开会型笨蛋却过度机械地执泥于条文规定,根本不懂灵活变通,对于一心一意想干出成果的一线实干家们而言,他们无疑是前进路上的绊脚石。

◆ 会导致会议变成懒惰者偷懒消遣的理想场合

有的人会觉得会议索然无味,只是浪费时间;有的人觉得会议冗长,拖得人焦躁不安;而有的人则非常享受会议,觉得只有在会议中才能体会到自己的价值,随时随地都有召开会议的欲望。

后者,也就是在会议中表现得生龙活虎的人,往往都是工作能力一般的人。由于他们没有积极推进工作进展的想法,所以,就算召开毫无意义的会议或者会议迟迟不结束,他们也不会着急、焦虑。本来他们就很闲，会议恰巧给他们提供了打发时间的绝佳平台。非但如此，他们还会通过会议寻找存在感，彰显自己在干工作的状态，甚至会觉得只有这种形式才能令自己感到充实，结果陷入恶性循环。

平时会议都是由上司召开的，因此，对工作缺少干劲儿的懒惰的上司往往容易变成热衷开会的笨蛋。

这种上司平时没什么事情要处理，总是随意召开会议，随便发言，在愉快的状态下打发时间。

但是，将会议视为打发时间的理想场合的不只是上司。工作缺乏动力的员工同样也有这样的缺点。

在召开会议的过程中，可以逃避一些具体的一线工作，比如接待客户、走访客户、起草文件等。只要坐在那里，或者光是动动嘴发言，就可以熬过工作时间。因此，不想工作的人总是刻意提一些多余的问题，扯一些无关的话，以免会议过早结束，"连累"自己回去工作。他们的这种行为令希望尽早回到工作一线的人感到焦躁不堪。

但是，对于不想回到工作一线的懒惰的员工而言，能够冠冕堂皇地远离一线工作的会议时间是非常宝贵的，他们甚至希望会议永远不要结束。会议成为了他们打发时间的避风塘。他们之中更有一些耍小聪明的人，坐在会议室里窃喜，暗自算计着开会时能拿到多少时薪。

第二章 为什么热衷开会的人是笨蛋呢

◆ 会导致会议变成彰显个人存在价值的场合，使本职工作陷入停滞

有些人平时工作缺乏斗志，打不起精神，总是流于形式。但是，一到了开会的时候，就突然变得生龙活虎。周围的人纷纷对他们报以批评和鄙视的目光，怀疑他们到底是觉得会议本身充满意义，还是为了靠会议打发时间白领工资。

对于这种无法在本职工作中充分发挥能力的人而言，会议自然成为了唯一能够彰显个人存在价值的场合。

就算是对一些本来没有任何问题只要同意就能迅速解决的议题，也要横挑鼻子竖挑眼，故意找一些琐碎的小问题，或者就一些无关紧要的细节展开深入讨论，以此彰显自己犀利的眼光和独到的见解，这样一来，就会浪费大量的时间。

如果这种类型的笨蛋口才特别好的话，无论面对什么样的问题，他们都能挑起不必要的争论，借此充分炫耀自己的雄辩能力，令人感到头疼不已。

无论如何，对于这种类型的热衷开会的笨蛋而言，会议是唯一彰显个人存在价值的场合。因此，当有这种人在场时，会议就会久拖不散，导致各项工作陷入停滞。

别让三个笨蛋毁了你的前途

◆ 会削弱充满干劲儿的人的积极性和进取心

综上所述，我们认为热衷开会型笨蛋的存在，会影响充满干劲儿的人的积极性和进取心。

当看到那些光是热衷于开会的人悠闲度日时，大家会受到严重的刺激，觉得认真工作的自己像个傻瓜。

由于工作经常被开会打断，连累自己不得不彻夜加班，甚至连周末也要正常上班，严重影响了工作效率，令人感到郁闷不已。

有时客户那边不断催交文件，但是，自己却不得不去应付会议，结果令人觉得"来不及就来不及吧，反正又不是我的错"，甚至想要破罐子破摔。

有时由于要参加会议，无法及时满足客户需求，需要向客户当面道歉，令人忍不住想要大声吐槽："能不能不再让我去参加会议了！"

这些抱怨的声音之所以越来越多，是因为热衷开会型笨蛋掌握了部门管理权。热衷开会型笨蛋会削弱整个部门的积极性和进取心。

◆ 会导致权责不清的责任缺位状态

无论遇到什么事情都要召开会议集体决策有许多弊端，除了会阻碍一线工作，影响大家采取机动行动以外，还会导致权责不清，带来严重的负面影响。

第二章　为什么热衷开会的人是笨蛋呢

当按照会议决定的方针具体实施时，如果发生问题，就可以以"我是按照会议的决定来做的，因此，与我个人没有关系"为借口，来博取大家的理解，这样一来，就会导致责任缺位，人人都缺乏主动承认"这是我负责的行动"的主人翁责任感。甚至会出现一些罔顾事实、信口雌黄的人，以"我早就觉得这个决定有问题，但是，又不能不执行会议的决定，真是进退两难啊！"为借口推卸责任。

如果在工作一线全凭自己的判断来做决策，那么，发生问题后必然要由自己承担责任，因此，大家往往会认真并且慎重地进行判断，然后再付诸行动。但是，在按照会议决定的方针实施时，大家几乎不会认真思考，基本都靠惯性行动。

在一线推进落实会议决定时，有时会遇到阻碍。就算自己觉得实施起来难度较大，或者要求重新考虑的呼声很高也无济于事，只要有人提出"这是会议决定的，不要讲那么多客观理由了，还是按照决定执行吧！"，就必须无条件服从，最终只能"还是按决定办吧！"。

在落实会议的决定时，一旦发生问题，甚至连方针的提议者也会立刻跑出来开脱责任，辩解说："这是大家集体决策的结果。"

这种权责不清的问题是单位处于责任缺位状态的重要原因。可以断言，长此以往，主张无论什么事情都开会集体研究决策的热衷开会型笨蛋必将造成严重的危害。

别让三个笨蛋毁了你的前途

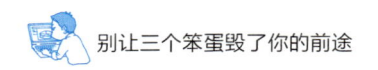

3 剖析热衷开会型笨蛋的心理

在上一节中,我们认真分析了热衷开会型笨蛋的实际案例及其带来的危害。接下来,我们将尝试进一步走进他们的内心深处,分析其心理机制。

◆ 光是坐在那里什么也不做,就能给人营造一种正在积极工作的感觉

对于那些对工作充满热情的人而言,会议挤占了他们宝贵的工作时间,是充满压力的场合。

但是,对于那些缺乏"撸起袖子加油干!"的精神的人而言,出席会议之后,只要坐在那里什么也不用做就能打发时间,实在是难得的放松心情的场合。

如果作为会议组织者和主持人的上司对工作缺乏热情,那么,对

第二章 为什么热衷开会的人是笨蛋呢

他们而言，光是讲讲话就能打发工作时间的会议绝对不是毫无意义的，反而是比什么都重要的宝贵财富。因此，他们总想随意召开会议。同时，为了避免会议过早结束，他们总是故意让大家汇报一些无足轻重的小事，并且提一些毫无意义的问题，将会议拖得很长，从而创造出不工作就能轻松打发时间的机会。

被召集来参加会议的人员也不必做太多准备，光是坐在那里就当是完成工作任务了。可以说，会议完美地掩盖了缺乏主观工作意愿的问题。

给人一种自己正在工作的印象是令人非常愉快的事情。在会场上，大家不用担心自己会犯错误，也不用耗费大量精力去积极工作，只需要在那儿坐着就是在干工作。

因此，热衷开会型笨蛋非但不怕会议挤占自己的工作时间，反而发自内心地喜欢开会。

◆ 工作能力不强的上司往往喜欢通过会议彰显自己存在的价值

对于工作能力差，无法通过工作本身在下属面前彰显自己能力的人而言，只有会议才是彰显自身能力的宝贵场合。

下属非常了解工作，并且业绩很突出。在与客户沟通交流方面，也是下属的能力更强。这样一来，上司就会显得很尴尬，甚至会觉得自己得不到下属的尊重，被下属看扁了。

但是，他们又觉得无可奈何，在工作中根本无法展示自己的存在价值。因此，才会利用会议的机会，彰显自己的存在感。

会议与工作一线不同，现场并没有客户，也没有竞争对手，因此，作为上司，就算提一些完全没有意义的问题和建议，说一些驴唇不对马嘴的话，也不会造成任何影响，更没有高层会深究责备。

这样一来，就算是不懂工作内容的上司，也可以放心大胆地发言。不管怎样，对方毕竟是上司，因此，即使发言内容严重跑题，思考建议肤浅至极，也没有人愿意明确指出来，这会令他们洋洋自得起来。长此以往，他们就会尝到彰显自己存在感的甜头，满足自己不断膨胀的虚荣心。会议之所以会被拖得很长，也是那些希望通过会议彰显自己价值的无能上司的上述心理作祟的结果。

◆ 会议不是做出必要决策的场合，而是满足"被认可欲望"的工具

本来，会议是用来进行某些必要的讨论，并做出决策的场合。但是，热衷开会型笨蛋总是希望借会议之机彰显自己的卓越才干。

因此，就会为了讨论而讨论，根本没有任何目的和意义。周围的人根本就不知道到底为什么要将大家聚在一起开会。

就算是单纯的工作汇报会议，热衷开会型笨蛋也会不断插入问题，

第二章 为什么热衷开会的人是笨蛋呢

针对一些无足轻重的意见披露一些看似非常有意义的信息，在原本可以很快结束的议题上，耗费大量的时间。

这与"被认可欲望"之间存在着密切的关系。谁都不希望自己在别人的眼里是个意志消沉的弱者。因此，对于那些善于言辞的人而言，会议就变成了满足自己被认可欲望的唯一机会。

在这种状况下，讨论本身就成了唯一的目的，因此，整个单位的风气就会越来越差。

虽然周围的人绝不会因为发言者侃侃而谈就认为他才华横溢，并给予高度评价。但是，热衷开会型笨蛋还是对滔滔不绝地发表一些毫无意义的意见的自己感到非常满意，并通过这种形式来满足自己被认可的欲望。

◆ 日本人认为必须开一些毫无意义的"务虚会"的文化原因

为什么热衷开会型笨蛋能够在许多单位中立足呢？实际上，这与认为开一些毫无意义的长会是合情合理的这一日本文化特有的意识之间存在着密切的关系。

具体来说，就是讨厌面对尴尬局面、充分为对方考虑、避免刺痛他人内心的文化特性。

在此，我将欧美文化命名为"自我中心型文化"，将日本文化命名为"人际关系型文化"（参看《"丑陋"的日本人》）。通过对比，我发现两种文化分别具有下述特征。

所谓"自我中心型文化"的特征是：只要是自己想做的事情就不顾一切地坚持，完全按照自己的标准决定是否提出某项建议，或者是否采取某种行动。在这种文化的支配下，人们往往根据自身的心情和意见做出判断。

可以说，欧美文化就属于典型的"自我中心型文化"。

在这种文化基础上成长起来的欧美人，无论在什么情况下，基本都不会受其他人的影响，完全按照自己的标准进行思考判断，作为个体独立成长，与其他人保持着界限分明的距离。

与之相反，所谓"人际关系型文化"的特征则是：极力避免由于坚持自己主见给别人带来困扰，主张凡事都要充分考虑别人的感受，应该在反复权衡后，再决定是否提出某项建议，或者是否采取某种行动。在这种文化的支配下，人们往往在充分考虑与他人之间人际关系的基础上做出判断。

可以说，日本文化就属于典型的"人际关系型文化"。

在这种文化基础上成长起来的日本人，无论在什么情况下，都不会从自己的标准出发，始终是站在他人的立场上，在充分考虑对方情绪的前提下做出判断的。作为个体，他们不是保守封闭的，总是以开放的心态对待他人。因此，比起自己内心的想法，他们更在乎对方的愿望，并且会不惜一切尽可能满足。

第二章 为什么热衷开会的人是笨蛋呢

对于日本人而言，这一基本原理不仅适用于日常的人际关系，还适用于会议等场合。在进行讨论的过程中，为了避免伤损任何人的面子和心情，必须提前做好准备，尽量不要论出成败，这一点非常重要。当必须在两个方案之间做出选择时，应该谨慎从事，避免单纯放弃某一方造成尴尬局面。因此，需要耗费大量的时间和精力。

比如，在 A 和 B 两个方案中，A 方案明显比 B 方案完善许多。那么，也不能直接否定 B 方案说："B 方案中到处都是漏洞。无论是从优点还是从缺点来看，我们都只能选择 A 方案。"这样会伤损 B 方案策划者的颜面，应该充分照顾其情绪，在不引起过多关注的状态下淘汰 B 方案。

对此，我们必须充分考虑，尽量避谈两个方案的优劣，故意模糊大家关注的焦点，在不过度刺激当事人的前提下，表明："A、B 两个方案中提出的观点都非常重要，两者难分伯仲。考虑到时间方面的因素，从可以尽快落地的角度出发，我们这次最终决定选择 A 方案。"这样一来，就可以保全未被采用一方的面子。

受这种文化心理的影响，就算热衷开会型笨蛋光是讲一些跑题的话，不断重复原本可以很快结束的讨论，导致会议时间被一再拉长，日本人也不会坚决地站出来表示反对，阻止他们说："请不要再讲跑题的话了。""我们应该停止讨论这个问题了！请不要再反复争论了。"等等。因此，会议就会被拖得很长，白白浪费宝贵的工作时间。

正是这个原因，热衷开会型笨蛋们可以肆无忌惮地滥发淫威。

别让三个笨蛋毁了你的前途

◆ "责任分散效应[①]"实验

此外，在许多热衷开会型笨蛋的心中，还有一种"责任分散效应"在作祟。

在心理学领域，对"助人行为（helping behavior）"的大量研究，已经证明了"旁观者效应"的存在。

比如有个著名的实验，就是将写好地址并贴好邮票、只差投递的信故意丢在学生宿舍的走廊里。由于留的地址是研究人员的实验室，因此，他们将能够接到多少封信作为评估助人行为的标准。

结果，在平均58人居住的小型宿舍中，接到信件的比率（即遗失信件投送率）为100%；在平均166人居住的中型宿舍中，接到信件的比率为87%；在平均529人的大型宿舍中，接到信件的比率为63%。由此可见，宿舍的规模越大，越难发生助人行为。

我们可以通过责任分散效应来解释这一现象。

也就是，居住的人越多，大家越会觉得"就算自己不去做，总会

[①] 责任分散效应（diffusion of responsibility）也被称为"旁观者效应"，是指就某一件事来说，如果是单个个体被要求单独完成任务，其责任感就会很强，会做出积极的反应。但如果是要求一个群体共同完成任务，群体中的每个个体的责任感就会很弱，面对困难或遇到责任往往会退缩。

第二章　为什么热衷开会的人是笨蛋呢

有人去做"，因此，所有的人都不易产生主人翁责任意识，导致责任感处于分散状态。

我在行人较多的市中心车站和行人较少的郊区车站前面，做了同样的实验。结果发现行人较少的郊区车站前的遗失信件投送率明显较高。

单独一人时发现受伤女性后给予援助的比率为70%，2~3人时的比率为40%，两者之间存在很大的差异。

相关实验表明，在走廊中发现烟雾后，立即报警称"着火了！"的比率为：1个人时75%，2~3人时38%。

当只有自己一个人在现场时，人们往往会觉得"自己必须做点儿什么"，从而激发出当事人意识，产生主人翁责任感。但是，当其他人也在现场时，人们往往就会分散责任感，产生依赖意识，觉得"就算自己不做，总会有人去做的"。

这种分散责任的心理状态是经过心理学实验证明过的。

◆ 由于不想承担责任，所以故意召开会议

由于存在这种责任分散心理，所以，不想承担责任的人往往都非常喜欢开会。

一旦遇到问题，就通过召开会议集体讨论的形式做出决策，导致大家的主人翁责任意识越来越淡薄。无论事情的状况多么糟糕，大家

别让三个笨蛋毁了你的前途

也会觉得是集体决策的结果,根本不是自己的问题,这样一来可以完美地规避责任,从而轻松淡定地进行应对。

日本社会中各个组织经常会出现责任缺位状态,其触发原因也在于这种责任分散心理。

就算是策划和支付之类的事情,也需要多位负责人在审批文件上签字盖章。这种形式可以分散责任,避免发生某个个人冒险进行决策的情况,因此,大家往往都愿意进行集体决策。

决策过程中没有人会主动揽责,承认是自己决定、自己批准的,因此,做出决议的过程也非常轻松,没有任何压力。

因此,每个人都觉得不是自己的责任,严重缺乏主人翁意识,大家都在以轻松的心态看热闹。热衷开会型笨蛋的心中都潜藏着这种"高高挂起"的心理。对于这种人而言,会议逐渐变成了便捷的决策场合。

此外,还有些上司往往会将责任分散心理用在坏的方面。

一旦自己的命令和建议无法实施或者发生问题,就可能被问责,因此,他们会将所有的责任都推到会议上,并以"是大家集体决策的"为借口,试图逃避责任。

这种明哲保身的姿态,与那些积极进取、敢于承担责任、觉得"一旦发生什么问题我要负责,因此必须全力以赴向前推进"的人的姿态截然相反。

有的人甚至会认为不管在会议上进行多么激烈的讨论,那些根本

第二章　为什么热衷开会的人是笨蛋呢

不理会其他人的意见，只是坚持自己看法和方针的上司，肯定会想方设法通过自己的意见，在会议上进行的讨论就变得没有任何意义了。

但是，对于上司而言，在会议上进行讨论是具有重大意义的。他们可以通过会议将自己的观点和方针变成"集体的决定"，以便在发生意外情况时，将责任推得一干二净。

◆ 滥用调动积极性的心理学理论，目的只是让员工宣泄情绪

有的单位会定期召开会议，鼓励员工谈一谈自己在工作中的体会和需求，看起来是一种非常好的沟通交流方式。但是，只是停留在口头上说说的程度，并没有带来任何实质改变，这自然导致员工开始质疑集体开会的意义。

一旦听说单位为员工们提供了畅所欲言的场合和机会，有些人就会产生误解，觉得真是太民主了，是一个理想的工作单位。

但是，召开这种会议的真正目的并不是听取员工心声，充分调动员工积极性，并将这种效果反映在今后的工作中，而是单纯为了让员工宣泄情绪。

可以说，这是对通过鼓励大家畅所欲言一吐心中不快，产生"自我调节的宣泄效应"，从而调动大家积极性的心理学原理的误用。在这种心理状态的支配下，大家只不过是被鼓动着毫不顾忌地宣泄自己

的情绪而已，根本解决不了问题。

　　在大家提了许多的意见和希望后，会议发起者却根本不采取措施进行完善，总有一天会令大家看透他们的真实意图。因此，不管之后再怎么鼓动大家去发言，只能换来"既然你根本不采纳任何人的意见和看法，还是什么都不说为好""如果光是停留在考虑层面，那么说再多都是浪费时间"的消极反应，再也无法调动大家的积极性。

　　但是，热衷开会型笨蛋根本不明白这个道理，还想着通过频繁召开会议，达到让大家宣泄情绪的效果。

总结：热衷开会型笨蛋的心理机制

· 不管会议多么无聊，都能满足自己"被认可的欲望"。

· 欧美各国属于典型的"自我中心型文化"，日本属于典型的"人际关系型文化"。由于日本人非常顾忌别人的想法，因此，往往会在开会上浪费大量时间。

· 在这种笨蛋的内心深处潜藏着责任分散的心理。

· 由于集体决策，大家的主人翁责任意识越来越淡薄，大家都感到事不关己，没有责任一身轻。

· 滥用"自我调节的宣泄效应"，鼓动大家宣泄情绪。

第三章

为什么死抠规定的人是笨蛋呢
（剖析其令人困扰的行为及深层的心理机制）

本章将对死抠规定型笨蛋的实际状态进行曝光，希望明确其心理结构。首先，将通过实例明确死抠规定型笨蛋到底是指哪些人。

我要带薪休假了！

员工指南中并没有规定啊……

之前没有报告、联络、沟通啊！！

第三章　为什么死抠规定的人是笨蛋呢

1 死抠规定的典型实例

◆ 以规则和原则为借口，阻碍工作进展

有些人只认规则规定，自己并不会动脑思考判断，只要是规则中未规定的事项，无论是多么紧急的事情，都不予批准。大家都对这种缺乏变通意识的人感到一筹莫展，但是，他们却完全不在意其他人的评价，反而以自己恪守规则底线为荣，到处吹嘘炫耀，应对起来非常棘手。

日本人非常讨厌承担风险，因此，这种死抠规定型的笨蛋为数众多。

有些上司丝毫不考虑一线的实际情况，光是用"规定就是这样"来卡大家，完全机械地照搬效率低下的流程。下属对他们的意见非常大，非常想抱怨说："明明不懂一线的工作，希望不要再横加干涉了。""既然这么说了，工作就真的没法干了。"但是，由于对方是上司，便难以直接言明。

别让三个笨蛋毁了你的前途

比如，根据规定，在出现针对商品的投诉、退货换货以及顾客咨询等异常情况时，应该立即进行详细记录。因为事后补记的话，大家的记忆会变得模糊，无法详细描述当时的情形。这种规定有一定的道理，但是，在顾客源源不断的工作一线，每个人都忙得不可开交，根本没办法逐个记录详细情况。不仅如此，更重要的是这么做还会给顾客平添麻烦。

既然规定不符合一线的实际情况，应该或多或少做出一些变通，允许出现个别例外情况。但是，当遇到死抠规定型笨蛋时，事情就难办了，他们总是坚持无论什么事情、什么情况都必须完全遵守规则和规定，根本不允许出现否定规则的想法，更不懂得"随机应变"这个词的真正内涵。因此，一线的人们对这种笨蛋都感到无可奈何。

有时，他们甚至会批评业绩突出的人"你怎么不按照规定办事"。然而，这些敢于吃螃蟹的人并没有做什么出格的坏事，只不过是采取了更为有效的工作方法，将各种关系协调得更顺畅罢了，但死抠规定型笨蛋却固执地要求他们按照规定去机械行动。

有的单位之前一直允许事后报备，但是，在换了死抠规定型的领导后，就变得墨守成规起来，深受形式主义危害，凡事无论大小只要不事先报批就无法行动，严重影响了大家主观能动性的发挥。

从提交申请到上级批复，需要履行繁琐的手续，会浪费大量的时间，导致一线无法随机应变，令那些充满创新意识和实干精神的人感

第三章 为什么死抠规定的人是笨蛋呢

到焦虑不堪。

有时,死抠规定型笨蛋会打着"大家不能轻视服从意识,这是绝对不允许的"的旗号,执泥于一些毫无意义的细枝末节,导致工作陷入停滞状态。一旦工作变得不顺畅,大家就会觉得"这样下去什么也干不成了",从而丧失工作的动力和干劲儿。

对于这种死抠规定型笨蛋,就算你质问他为什么自己的合理要求得不到批准,坚持这种不符合现状的规定有什么意义,也得不到认真的对待。

他们只会敷衍说:"总之规定中没有的就不能批准。"这样一来,慢慢就没有人愿意跟着他们工作。由于他们实在太固执了,许多人都会觉得无法忍耐,甚至会做出辞职的决定。

但是,这种死抠规定型笨蛋认为自己完全是按照规则办事的,往往觉得自己不会对工作造成影响和阻碍。

比如,他们总是将"必须要遵守规则""如果不按照规定好的程序办,早晚会出乱子"等说法挂在嘴上,来阻止大家进行创新。结果招致大家的不满,认为他们只是在惺惺作态,实际上是在用规定做借口,目的不过是明哲保身而已。但是,他们本人并没有明哲保身的想法,只是希望将规定恪守到底而已。

有些正直的人会抱怨说:"光是遵守规定就能办成事吗?如果光这么做,公司怎么能够实现盈利呢?"由于死抠规定型笨蛋的存在,每天都会发生一些令人哭笑不得的糊涂事。

曾经有人向我抱怨，在周末不得不与客户开碰头会，但是，受工作太忙的影响忘记提前提交申请。由于天气太热，需要与值班人员沟通，希望能开放空调。然而，他却以"事先没有申请，不能开放"为由，断然予以拒绝。

无论自己如何态度诚恳地说明情况，对方始终坚持"规定就是规定"，根本不给通融。实际上，自己之所以要使用办公室完全是出于工作目的，这一点显而易见，并且，客户公司的负责人也特意来开会，如果不开放空调，光是开着窗子换气，会把客户热得一身大汗。一旦出现这样的情况，很可能会得罪客户，逼他们说出"如果合同泡汤了，错全在你们公司，到底谁来负这个责任"之类的气话。这种局面令人不由得想要大发雷霆。

从上面列举的实例来看，没有哪一个是必须要将遵守规则摆在第一位的，之所以制定规则明明是为了促进工作更加顺畅地运转，但是为了死抠规定导致工作陷入停滞局面，这完全是一种本末倒置，要归咎于死抠规定型笨蛋。

◆ 总是强调按照指示工作

有一种人总是强调大家要按照指示工作，他们也属于死抠规定型

第三章 为什么死抠规定的人是笨蛋呢

笨蛋。

那些能够取得突出业绩的人,往往都能根据一线的实际情况,随机应变采取行动,确保顺利地应对顾客需求,并强化与客户之间的信任关系。

但是,死抠规定型笨蛋并不理解这一点,他们经常会用条条框框来束缚大家行动,比如他们往往会有这么一句口头禅:"不要做多余的事情。我并没有下达这样的命令吧?"

看到这一点的下属无法压抑自己的愤怒情绪,会反驳说:"你根本下达不了什么正经的命令,前辈随机应变采取行动到底有什么错?本来就是正确的行为,你难道不应该感谢他吗?怎么还能横加指责呢?"

这种死抠规定型的笨蛋,坚持的是"不能扰乱指挥体系"这一原则。

因此,在他们看来,不管实际情况如何,只要是不服从上级或自己命令的人,一律都是破坏规定的人。实际上,他们并不关心这些命令是否正确合理,只是将"不能扰乱指挥体系"这一点看得比什么都要重要。

◆ **执泥于一些毫无意义的细枝末节性规定**

关于死抠规定型笨蛋,令人感到最为棘手的是,他们总是执泥于一些毫无意义的细枝末节性规定不能自拔,根本不会随机应变、灵活

别让三个笨蛋毁了你的前途

应对。

下面,我们结合实例进行进一步分析。出乎意料的是,在现实生活中,饱受这些死抠规定型笨蛋之苦的人不胜枚举。

明明知道是一些只差形式上的手续就能解决的问题,也不肯做任何变通,就是不肯批准。正是这个原因,导致公司做什么都比别人慢一步,白白错过了拿下订单的机会,光是让客户等待,丧失了他们的信任。

工作上有必须要用的东西,但是每次都要提交文件申请并等待审批。比如发现各种颜色的荧光笔都用不了了,但一小时后的会议分发资料时需要用到,因此,立即前往后勤主管那里去申请。结果,他只是冷冷地回复说:"请填写专用表格申请。今天之内能够完成审批,明天上午可以准备好你需要的物品,请明天中午再来拿吧!"如果光是在这里等肯定来不及了,由于几支荧光笔花不了多少钱,干脆就自掏腰包解决了。上司明明知道这些情况,却觉得不是自己的事情,因此,就装作不知道的样子,并不想办法灵活运用规定,只是将死抠规定作为自己存在的价值。

光是让人填写一些可有可无的申请文件,明明需要尽快应对客户的需求,但是,每次外出走访或者参加活动时,必须逐一填写各种文件,否则就无法获准出行。这会令人焦躁不堪。实际上这些手续都可以后补。

第三章　为什么死抠规定的人是笨蛋呢

无论做什么事情，都需要在规定的表格中填写目的、必要性、预期成果等项目。其中有些项目是你没做之前根本不清楚的，只能编造看似合理的内容来应付审批手续。填写这种表格是没有任何意义的，反而会令大家在正式开始工作前就丧失主观能动性，结果只能按部就班地干一些例行性事务，陷入一种形式化的工作方法中。

经常为没有当场记录复印的页数，或者为什么不双面复印等无足轻重的小事，大声批评同事。在紧急情况下，这些小事根本算不上什么，只会令人感到厌烦不已。

明明是因公事打车，却要求事先报批，否则就无法报销。但是，实际上大家根本无法提前预知会发生什么事，难以按手续申请，这样处理只能给工作带来麻烦。

明明两次出差是连续的，目的地都是东京，在提交出差延长申请时，却死抠规定要求按照两次不同的出差审批，必须先返回公司然后再去东京。这样一来，往返所需的路费要远远高于住宿费。好不容易同意延长出差时间，却被告知前一次出差最后一天的下午和后一次出差第一天的上午没有任何工作安排，按规定是不能领取出差补贴的。

对此，大家会感到非常吃惊，觉得"这个人是个笨蛋吗？"，总是纠结于这么琐碎的事情，根本不懂得变通。

这种死抠规定型笨蛋令人费解的例子举不胜举。我自己也深受其害。

有时，甚至会觉得"为什么会有这样的人存在呢？"。

别让三个笨蛋毁了你的前途

◆ 不管多么小的事情，都要求"报告、联络、沟通"

有些上司令人感到难以相处，明明没有什么事情需要报告，却总是要求"报告、联络、沟通"。

明明没有什么事情是需要联络和沟通的，当他了解情况时，你如实进行回答后，却招致一顿抱怨："为什么不向我报告。我不是说过凡事都要和我报告吗? 报告、联络、沟通是你应该承担的责任啊!"

然而，当事人并不是故意隐瞒的，其实也没有什么好隐瞒的。虽然上司要求凡事都要报告，但是，在工作推进过程中，逐一进行报告是没完没了的，这样对工作没有任何帮助。

有时自己明明是深思熟虑、谨慎从事的，却因为没有进行报告、联络、沟通，就莫名其妙地挨了一顿批评。

当上司看起来非常忙，自己觉得进行报告并不合适，并且事情并没有多大问题时，就按照自己的判断继续推进了。但有些上司非常固执，到头来反而态度严肃地抱怨："为什么不和我商量就自作主张了?"

他们总是说不进行沟通报告就做出决定是违反规定的。虽然内容上并没有什么问题，结果也总是进展顺利。就算沟通报告了，他们也不会提出异议，只会说："这样啊! 没有问题，我知道了。"但是，只要自己没有提前报告，他们就会勃然大怒。

第三章 为什么死抠规定的人是笨蛋呢

他们非常讨厌自己被蒙在鼓里，要求员工必须彻底贯彻执行"报告、联络、沟通"制度。

◆ **每次发生问题时，就制订新的规定**

由于死抠规定型笨蛋对规定有一种天然的依赖感，没有规定就会觉得不托底，因此，每当出现无法按照规定应对的事情，或者发生了问题时，就会积极制订新的规定。

有些上司就是喜欢制订规定，明明只能根据不同的场合采取随机应变的措施进行应对，却偏偏要强调"规定中存在漏洞"，必须尽快完善。事实上，无论制定多少规定，必然会有例外情况或者无法照搬规定的时候，根本不能靠定规矩来解决所有的问题。对此，有些年轻人会感到无法适应，觉得他们的头脑太过机械了，根本不懂得灵活变通。

事情发展的状况和条件是千差万别的。因此，我们无法用规定来覆盖所有的情况，但是，死抠规定型笨蛋并不明白这一点。当规定过多时，大家可能就会记不住了，不仅如此，制订规定本身也需要花费大量的人力和时间。

因此，逐渐会有这样的声音："完全是在毫无意义地浪费时间和人力，真希望这种上司能够调到别的部门去。"

别让三个笨蛋毁了你的前途

有些人会借着预防事故的名义，不断制定一些给一线造成困扰的硬性规定。这样一来，就会束缚一线的创造力和积极性，导致一线员工无法灵活地应对各种情况，感到无所适从。

在这些人眼中，为了确保不发生问题，可以禁止做一切事情。

比如，有项规定令人困扰不已，那就是男女员工之间，不准在下班后单独去吃饭或喝酒。据说，之所以要制定这条规定，是为了防止日后两个人关系恶化时，一方污蔑另一方"利用职权威逼自己约会""虽然自己不情愿，但是无法拒绝，对方是在进行性骚扰"，起到避免发生争执的作用。

这样做确实可以预防未来可能出现的问题，但是，也会在很大程度上限制正常的人际交往，导致原本相处非常融洽的同事之间慢慢产生隔阂，不得不在避嫌的状态下谨慎行动，逐渐疏远起来，总会给人一种尴尬的感觉。

看到这个实例，我不由得想到了一所高中奇怪的校规。那就是在出了校门后，不得与异性并肩行走，就连家人也不例外。结果就出现了奇怪的一幕，学生放学后不敢与父母、兄弟、姐妹并肩行走，走起路来非常滑稽可笑。之所以会出现这种禁止与家人并肩行走的奇葩规定，是因为校方为了防止在发现学生与异性交往后进行通报时，对方谎称是与家人一起以逃避处罚。

第三章　为什么死抠规定的人是笨蛋呢

◆ 滥用规定借机偷懒或任性胡为

作为死抠规定型笨蛋的一种衍生类型，有些人会滥用规定帮助自己创造消极怠工的机会。

有些员工在工作中总是出现纰漏，上班时间光是聊闲天儿和玩儿智能手机，当上司和前辈提醒他们注意时，他们非但不反思自己的问题，反而哭着说："我受到伤害了，你是在利用职权以大欺小，这违反了公司的规定。"并放下手头的工作，闹着要回家。

有份客户急需的文件，只要再加把劲儿就能完成，但是，负责的下属却说："今天是星期三，按照公司规定，今天不用加班，我要下班回家了。"结果干到一半儿就回家休息了。如果完成不了文件会给客户带来困扰，只能要求其他员工加班，替他完成工作。

还有一种情况与消极偷懒不同，那就是有些人在选择带薪休假的时机时，存在死抠规定、任性胡为的行为。

比如每个单位一年当中都有工作最忙的时期，在这个时候休假，会给工作带来巨大的影响。因此，在计划休假时，要认真考虑单位的工作安排，这是最起码的常识。当许多人都要休假时，可能发生假期重叠的情况，会导致人员严重不足，应该结合他人的动向，考虑自己的休假日程安排。

但是，有些人却完全不考虑单位和其他人的实际情况，在没有任何征兆的情况下，突然申请带薪休假。当上司出于工作正处于最忙的时期，或者其他人之前就过来申请休假了等考虑，希望他改动一下休假时间时，却被严词拒绝："带薪休假是每位员工的合法权利，这一点是有明文规定的。"根本不做一点儿退让。带薪休假确实是员工的权利，有些单位会为如何应对这样的员工而感到一筹莫展。

◆ 一旦遇到规定或员工指南中没有明确的事情，就无法处理

有些人过度依赖规定，对于规定或员工指南中没有明确的事情，会感到迷惑、不知道如何处理，这些人非常难缠，会给大家带来极大的麻烦。

在必须做出之前从未有过的判断时，有些上司会说："我翻过了所有的规定，并没有发现相关内容，我们不能随意做出判断。"并拒绝拿出处理意见，这样一来，经常会令工作陷入停滞。

还有些人会说："由于员工指南中没有明确规定，不知道如何进行处理。""之前没人教过怎么处理这种事情。"令前来请示如何应对的下属和后辈感到无所适从。最后他们甚至还会把锅丢给下属，要求下属"请进一步完善指南，将相关事项考虑进去"。

在制订员工指南时，无论考虑多少种情况，都无法涵盖工作一线的所有细节，在实际工作中，总会出现预想之外的情况。顾客们源源

第三章　为什么死抠规定的人是笨蛋呢

不断地来，因此，必须充分发挥想象力，采取灵活的方式进行应对，否则工作就无法顺利开展。

如果光是按照规定和指南中的条款进行处理，那么，机器人完全可以替代员工。雇佣员工的真正意义就在于人可以根据时机、情况、事态发展进行判断，并机动灵活地妥善处理，但是死抠规定型笨蛋却完全不懂得这一点。

别让三个笨蛋毁了你的前途

2 死抠规定型笨蛋是怎样给大家带来麻烦的呢

◆ 会导致工作停滞，大家无法积极进行挑战

如果总是强调规定，会导致一线工作陷入停滞。

贸易谈判好不容易进展顺利起来，却以规定为借口突然要求停止。实际上，客户并不是自己这边的人员，他们并不适用于公司内这么繁琐的规定，因此，应该灵活机动地进行应对，但是，死抠规定型笨蛋并不管这一点，导致来之不易的机会就这么白白地溜走了。

在每个工作单位，这种事情都屡见不鲜。

为这种死抠规定型上司服务的下属是非常痛苦的，他们难以隐藏自己心中的不满，经常抱怨："真不知道为什么他们就无法理解实际情况呢？""真不理解他们为什么这么做，是脑子不灵活无法了解真实情况，还是胆小怕事担心违反规定。"结果，由于过度重视死守规定，

第三章 为什么死抠规定的人是笨蛋呢

工作无法顺利开展。

如果过度执泥于公司内琐碎的规定和员工指南，就只能维持现状或者照搬公司内比较成熟的工作方法，做一些没有难度和创新的工作，无法挑战新的高度。从而产生惰性思维，无论遇到什么情况，都想按照既有规定进行程式化处理。长此以往，将无法适应时代变革的节奏，难以在竞争残酷的大潮中保持活力和竞争力。

◆ 会影响周围人的积极性和进取心

一旦以规定为理由阻碍工作进展的事情多次发生，就会影响下属及周围人的积极性和进取心，这一点是毋庸置疑的。

这样一来，抱怨之声会不绝于耳，大家感到非常气愤。自己花了大量的精力和时间想要提升工作效率，却遭到无端的刁难，需要面对一项项检查和苛刻的规定限制，每次都会争得面红耳赤，逐渐就会丧失干劲儿和动力。确实，在工作进展顺利的时候，却因为各种琐碎的规定限制，被要求暂停下来，对谁而言都是难以接受的，自然会影响到积极性和进取心。

还有人认为客户对自己提出的方案非常赞同，几乎没有提出什么附加条件就接受了，但是，在向上司汇报时，却被泼了一头冷水："我不是早跟你说过了要按照规定和流程办理，必须认真召开会议讨论，得到批复后方可实施，否则就是违规操作，你还是让客户等一等吧！"在按照这种方式回复客户后，原本已经敲定的合同瞬间就泡汤了。由于经常发生这种事情，大家都不愿意去认真拓展业务了。对此，我深有同感。

由此可见，这种死抠规定型笨蛋会对工作单位的积极性造成负面影响。大家普遍担心长此以往，单位的业绩会不断下降，甚至遭遇断崖式崩溃。

甚至有人会带着讽刺意味地自我解嘲说，在我们公司中，怀揣梦想开始工作的新员工经常会遇到这种情况。刚进入公司时，他们往往意气风发、干劲儿十足，过了一段时间，就会遇到这种局面，撞得头破血流，从而逐渐丧失斗志。真正令人感到担忧的是，在我们身边，出现这种工作氛围的单位恐怕并不在少数。

◆ 在无法沿用之前的工作方法时，就会觉得无计可施

从另一个角度来看，恪守规定和员工指南本身就意味着缺乏应对没有"指针"的自由局面的能力。这就会导致一个问题：如果发生员工指南中没有记载也没有先例可循的事情，应该如何应对呢？

在发生无法按照员工指南处理的事情时，比如停止与顾客的沟通或取消与客户的交流等，死抠规定型笨蛋会感到惊慌失措，不知道该

第三章　为什么死抠规定的人是笨蛋呢

怎么办才好。

这种上司令人感到讨厌，那些没有指南就无法开展工作的员工也是非常难缠的。

每当遇到这种人时，大家都想说："你自己拿主意，尽快采取适当的措施吧！"但是，他们平时就没有养成独立思考和处理问题的习惯，根本不具备这种能力，只能为什么是"适当的措施"踌躇犹豫。

实际上，一直按照指南工作是完全不动脑思考的机械行为。因此，根本无法增强自己的判断力。

如果光是这样，不管经过多少锻炼，最终都将一无所获。当你认为这种人"已经干了好几个月了，应该可以自己做决定了"时，就大错特错了。

<u>一旦这种死抠规定型笨蛋得了势，整个单位就会丧失灵活处理事务的能力，从而缺乏有效应对预期之外事态的措施。</u>

◆ 变成阻碍新创意萌发的绊脚石

如果单位的体制是：必须按照流程手续推进；必须按照指南行动；决不能做没有规定的事；当发生指南中未做规定的事态时，必须向上级请示。那么，在一定程度上可以防止出现低级错误，避免由于个人原因产生问题，但是，实际上，这是一种缺乏个性的程式化工作

别让三个笨蛋毁了你的前途

方法。

比如，在快餐店中，当店员们用相同的语言与你沟通时，大家会觉得枯燥无聊。要求员工严格按照指南规定的方式服务，借此避免店员在出现意外情况时采取不合时宜的应对措施。这样一来，那些兼职的临时工可以学会实际工作所需的最低水平的技能。但是，却会严重束缚员工的个性和创造力，影响他们工作的主动性和积极性，令大家丧失活力，从而沦为只知道机械重复的工具。

接待顾客的工作是容不得失礼的，必须严格遵守指南中的规范，这一点无可厚非。但是，在办公室工作时，如果光是要求员工"按照规定的程序，遵照指南办事"，就无异于剥夺了个人独立思考、苦心钻研、积极创新带来的喜悦，长此以往，将导致严重的问题。

就算大家所做的一切都是为了工作，比如耗费心血去研究提升效率的工作方法，积极思考打破僵局的策略，不畏困难提出新的创造性建议，也不会得到鼓励和肯定，反而被一一制止。设定的限制条款越多，大家踊跃创新的主观能动性就越低，许多好的想法就会被扼杀在摇篮之中。

死抠规定型笨蛋占据主导权的单位对员工独立思考、积极创新的想法和行动是全力打压的，无论是谁都不例外。这样一来，就会削弱员工的创新精神，难以催生新的创意，从而导致整个单位发展陷入停滞，举步不前。

第三章 为什么死抠规定的人是笨蛋呢

◆ 变成被规定支配的奴隶，丧失独立行动的意识

死抠规定型笨蛋占据主导权的单位总是充斥着各种各样的规定。其中，许多规定是毫无意义的，非但不会推动工作进展，反而会成为工作效率下降的主要因素，这令大家感到非常郁闷，不吐不快。

有的员工对我吐槽说，就算向上司反映自己被一些毫无意义的规定束缚，没办法放手开展工作，也得不到理解。上司还会坚持自己的看法，声称"规定就是规定，必须得遵守"，决不做一点退让。对此，员工自然会感到非常困惑，于是就进一步提问："如果规定不符合实际情况，已经对工作进展造成阻碍，我们还要抱残守缺吗？就不能改变改变规定吗？"但是，死抠规定型上司却丝毫不肯让步，斩钉截铁地说："规则是你说改就能改的吗？"

这样一来，那些想要积极推进工作的员工，就会质疑："到底为什么要制定规定呢？"本来规定就是为了推进工作顺利进展，避免出现纰漏而制定的。一旦规定妨碍了工作，必然要废除或修订，这是再自然不过的道理。

当规定阻碍了工作，并且，违反规定不会产生任何道德方面的问题时，与其一味地坚持不能违反规定，为什么不去思考改变规定呢？

真不理解他们为什么就不知道，那些没有任何实际意义的规定对工作有多大的阻碍呢？那些规定是多么的可笑呢？

别让三个笨蛋毁了你的前途

但是,这些理由是无法打动死抠规定型笨蛋的。对于他们而言,所谓规定是从过去沿袭下来的,因此,必然是绝对正确的,根本不必做什么"本就不需要的改变"。

这样一来,大家就都会被规定所束缚,丧失了自主行动的积极性,整个单位的氛围就会变得越来越消极僵化。

◆ 被毫无意义的"合规性"拖后腿

一提到"合规性",死抠规定型笨蛋就像打了鸡血一样,感到异常兴奋。

我经常听到大家抱怨,好不容易想到的创意,被上司以"合规性"为理由毙掉,不予批准,这种缺乏灵活性的问题处理方法会对工作造成严重的危害。

如果违反规定会引发道德方面的问题,那么,自然会带来麻烦。但是,也有不少人认为死抠规定束缚了大家的手脚,导致无法充分发挥自己的作用,这种情况并不少见。

如果在道德方面不存在任何问题,只是需要形式上的审批手续,那么,为什么不能跳过这些白白浪费时间的环节,事后再报备审批呢?但是,出于"死抠规定"型笨蛋的原因,迟迟拿不到批准手续,这令许多人捶胸顿足,急得在原地打转。

还有些人会感到愤愤不平,明明再灵活一点儿,就可以拿到大合

第三章　为什么死抠规定的人是笨蛋呢

同了，但是，就是因为片面强调合规性，执泥于形式上的流程手续，白白错失良机。

一旦被人提醒要注意"合规性"，大家往往就难以义正词严地进行反驳。特别是日本人有极强的欧美情结，对于"合规性（compliance）"这一外来语完全没有抵抗力，只是盲目地推崇，反而忽视了"合规性"本来的意义，光是关注它毫无意义的一面，令人备感荒诞滑稽。

但是，<u>员工一旦被毫无意义的合规性所束缚，就再也没有精力站在为了社会、客户、同事和公司的立场上去考虑问题了，反而陷入"只要不违反规定就行"的消极免责主义的陷阱。</u>

这样一来，大家就只会关注那些与内容无关的形式问题，反而会忽视工作的本质，导致通过积极工作为社会做贡献的使命感越来越淡薄。

比如，日本政客们在国会答辩中，就算遭到一些质疑，也会辩解说："并没有违反法律啊！"这一幕经常出现，令人印象非常深刻。如果光是重视"不触犯法律"这一点，就会掉入"法无禁止即可为"的陷阱，从而滑向道德观崩塌的深渊。

在本来就强调合规性的美国社会中，只要不触犯法律，就什么事情都可以做，这一点是非常明确的。

大家都只关注形式，导致针对本质的判断力逐渐退化。特别是日本人经常容易犯形式主义的错误，因此，这种倾向是非常危险的。

3 剖析死抠规定型笨蛋的心理

◆ 缺乏独立思考并做出决定的自信

那些不满被规定束缚，觉得如果能提高决定的自由度就好了的人，往往都有一个好习惯，那就是思路清晰，善于独立思考。

反之，死抠规定型笨蛋则完全没有独立思考的习惯。虽然不具备思考能力，却有极强的检索能力。因此，他们在工作时并不积极主动地思考，而是习惯性地检索规定，并按照规定执行。

规定中有相关内容，就会感到放心。规定和指南中没有相关内容，就会感到不安。这也是缺乏独立判断的自信的缘故。

第三章　为什么死抠规定的人是笨蛋呢

在精神病学领域，有一个术语叫做"回避型人格障碍[①]"。

美国精神病学会制定的《精神疾病诊断与统计手册（DSM）》针对回避型人格障碍，列举了下述五个特征（由于禁止原文引用，因此，本文将结合死抠规定型笨蛋的实际表现，简要地对此种人格障碍在人际关系方面的要素进行通俗易懂的梳理解释）。

（1）极度害怕被批评或否定；

（2）害怕被人诟病，不愿意与人打交道，除非确定能被喜欢，否则不会积极主动进行沟通；

（3）极度害怕被羞辱或嘲弄；

（4）自卑感较强；

（5）由于害怕尴尬，非常不情愿冒个人风险或参加任何新的活动。

[①] 回避型人格障碍，是以全面的社交抑制、能力不足感、对负面评价极其敏感为特征的一类人格障碍。患者在幼年或童年时期就开始表现出害羞、孤独、害怕见陌生人、害怕陌生环境等。成年以后，这些问题对患者的社交和职业功能产生不利影响。这类患者总觉得自己缺乏社交能力，缺乏吸引力，在各方面都处于劣势，因而显得过分敏感和自卑。自尊心过低加上过分敏感，担心自己会被别人拒绝，使得患者很难与他人建立亲密关系。

你可以对照一下自己的工作单位，看看那些死抠规定型的笨蛋是不是符合这些特征呢？总而言之，他们都缺乏独立决定的能力，对独立做出判断非常抗拒，极容易对他人产生依赖心理，如果不依靠谁做决定就会感到不安心。因此，他们几乎不会去挑战新事物，凡事都会依照规定来决定。

但是，在进入社会工作，或者成为别人的领导后，有时就不能再缺少独立思考能力，光是依靠别人来决策了。一旦依靠别人决策，就会颜面尽失。在这种情况下，规定就成了最方便的工具。

◆ **缺乏随机应变的判断能力**

有些人具备极强的能力，可以根据不同的情况变化，随机应变地做出判断。他们对一提到某种事情就拿出规定来说事的人充满了反感，觉得他们"为什么就不考虑考虑不同的情况和局面呢，完全被规定拖了后腿，真是太麻烦了！"。

死抠规定型笨蛋则不然，他们缺乏解读不同状况的能力，无法随机应变做出决定。因此，只能将所有的希望都放在规定上。

他们中的许多人往往意识不到自己存在的问题，但是，在自己的内心深处都会为缺乏判断力而感到不安。他们知道自己难以应对多变的局面，因此，总是想尽办法去回避那些要求随机应变的状况。

第三章　为什么死抠规定的人是笨蛋呢

一个人如果被规定束缚了手脚，就无法随机应变做出判断。因此，就会死抠规定，进行自我保护。

一旦发生了误判，还可以将责任归咎于规定。推脱道："都是因为太重视规定了。""都是按照规定做出的决定。"将自己从事情中择得干干净净。指出规定中的不完善之处，可以保护自己的形象，免于被追责。

◆ 缺乏以理服人的自信

有些人敢于将规定放在一边，总是结合实际情况向人进行解释，通过发自内心的语言说服对方。他们往往都拥有极强的自信，最看不起的就是过度执著于规定的思维僵化的上司，总是质疑："在这种局面中，再去抠那些毫无意义的死规定不是很可笑吗？""考虑到目前的状况，我们对规定完全可以持保留意见啊！"

死抠规定型笨蛋则截然不同，他们缺乏理论基础和思辨能力，完全不具备说服别人的自信，因此，遇到事情总爱拿规定出来压人。

之所以动不动就强调绝对不能违反规定，正是因为缺乏通过理论说明自己行动合理性的自信。对于这种人而言，规定仅仅是为自己准备的后路而已。

当被大家质疑"为什么要做这种事情？"时，他们只要回答"我

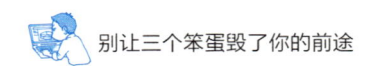

只不过是按照规定行动罢了",就可以保全自己免受牵连。

就算你非得要弄个清楚,直接质问这种死抠规定型笨蛋:"你不觉得受制于这些毫无意义的规定是可笑的吗?为什么还要死抠不放呢?"他们也会不以为然地说:"规定就是规定,我们不能罔顾规定办事啊!"根本拿不出令人接受的理由。他们本来就欠缺理论水平,所以才会变成死抠规定的笨蛋,怎么还能指望他们给出令人信服的答案呢?

◆ 只要按照规定办事,无论什么难题都有例可循,不必再为做决定而烦恼

那些知识和理论基础深厚,充满想象力、创造力和进取心的人,会对上司死抠规定导致反应滞后,严重影响工作效率感到焦急万分。

如果按照规定和指南行动,根本不需要充分发挥自己的知识储备和主观能动性。只要摆出一副严格遵守规定和指南的姿态,就可以掩盖自己知识水平和创造力匮乏的硬伤。

因此,缺乏理论水平和创造力的死抠规定型笨蛋总有一种不安全的感觉,似乎只有当规定和指南越来越完备时,他们的心情才会变好。

如果充分给予每个人权力,让大家可以按照自己的判断自由行动,那么,细心的人和粗心的人,认真思考后再行动的人和基本上不思考

第三章 为什么死抠规定的人是笨蛋呢

的人，根据状况灵活应对的人和不善于随机应变的人之间，就会产生很大的差异，带来的效果自然也有天壤之别。

引进对各种情况进行详细规定的指南就可以防止个人原因导致行动效果参差不齐的问题。只不过这样做将会抹杀个人的创造力。过度追求按照指南行事，会限制自由运作的空间，从而削弱个人主观能动性的作用，令一些善于动脑筋、独立思考的人才无法自由行动。如果一味追求遵守指南规定，大家就会变得越来越机械，遇事不会动脑思考，全靠本能行动。

就算自己没有特别想要死抠规定，只要不动脑筋思考，全靠规定决策，也会在不知不觉间变成死抠规定型笨蛋，在我们的现实生活中，不是有许多这样的鲜活例子吗？

◆ 对失败极度恐惧

那些觉得自己被规定所羁绊的人，往往并不是为了逃避责任，而是想要打破现状，创造出成果。

死抠规定型笨蛋之所以重视规定，并不是想要推进工作顺利开展，而是怕招致失败。因为一旦遭遇失败，就会暴露出自己的无能，甚至还会被问责，所以需要重视规定。

比如，就算是由于规定束缚，自己下手慢了，被竞争对手抢了先，白白错失千载难逢的机遇，也毫不在乎地说"规定就是规定，没有办法"。他们之所以这样做，是怕大家将错失良机归咎到自己身上，暴露出自己的短视无能，归根到底是想避免被追责。

此外，无论遭遇什么样的失败，只要打着遵守规定的旗号，就不用担心背负被追究决策责任的风险。这样一来，就可以以"自己遵守规定何错之有"为借口，为自己的行为赋予正当的理由。

支配这种死抠规定型笨蛋的，并不是"追求成功型动机"，而是"规避失败型动机"。

所谓"追求成功型动机"，正如字面意思所示，就是尽量追求成功的动机。

所谓"规避失败型动机"，就是尽量规避失败的动机。

无论在哪个单位，都有一些面对失败风险毫无惧色，不顾他人非议，一心只想着不断挑战的人，同样也会有一些过分关注原本可以忽略不计的风险，光是害怕失败，从而不愿意挑战的人。

这是由"追求成功型动机"和"规避失败型动机"之间的平衡关系决定的。

"追求成功型动机"较强的人喜欢将实现目标作为价值取向，极力追求成就感，不惧失败，总是向着目标积极发起挑战。

与之相对，"规避失败型动机"较强的人并不关心追求成功和实现目标的成就感，反而更畏惧失败带来的破坏性，因此，总是尽可能

第三章 为什么死抠规定的人是笨蛋呢

地避免挑战,在追求平稳的道路上走得四平八稳。

◆ **害怕没有回报,"恢复力"较差……**

可以说,他们之所以过度担心失败,是因为"恢复力"较差。

所谓"恢复力",又称为"心理弹性"。近年来,在日本社会中,由于遭遇失败,心灵受伤,就此一蹶不振的年轻人越来越多。因此,"恢复力"这个词开始备受关注,甚至得到了教育界的重视,它所表达的意思就是在遭遇逆境后恢复正常的能力。

说得更具体一点,就是身处高压状态仍可以保持健康状态的特性、能够缓解压力影响的特性,以及遭遇生活突发变故(比如遭到出乎意料的差评、被降职、失业、失恋等)后可以立即恢复正常的特性等。

在遭遇非常严峻的状况时,或者不知道如何打开局面时,无论是谁,内心都会承受较大的压力。有时,大家会陷入烦恼之中,不知道究竟该怎么办,甚至会产生"这下彻底完了"的绝望心理。

在遭遇这样严峻的状况或者站在决定人生走向的拐点时,人们就会出现承受能力的强弱之差。

那些对严峻状况承受能力较弱的人,就会对所有的事情都丧失信心,并开始厌烦自己,受到严重的伤害。

当看到周围的同事在商务谈判或汇报情况时,表现得自信而又游刃有余，他们就会羡慕不已，觉得"为什么他们就不紧张呢？""为什么他们就发挥得那么稳定呢？"。

当看到那些可以很快从失败的阴影中走出来的同事时，他们会觉得"他们怎么能这么快就恢复过来呢？""遭遇这么大的失败，还能扛得住，看不到一点消极落寞，他们的意志怎么那么坚强呢？"，并感到不可思议。

在遭遇这种严峻状况或者面临拐点时，人们之所以会出现承受能力的强弱之差，就是因为"恢复力"存在差异。

"恢复力"是指：不管遭遇什么样的困难局面，都不灰心泄气，坚持调整适应的能力；在遭遇挫折之后，即使短暂低落消沉，也能迅速恢复，并重新焕发活力的能力；在走投无路的艰苦状态下，能够坚持到底决不放弃的能力。

"恢复力"强的人被放在孤立无援的严峻局面中，当然也会出现灰心丧气的情绪，但是，这种状态不会持续下去，很快就会得到改观。当他们面临巨大的压力，或者深处逆境之中时，也会暂时陷入失落状态，表现出不安的心情。但是，他们会相对较快地恢复过来，重新开始积极挑战。这种内心强大的张力就是"恢复力"。

如果一个人的"恢复力"较弱，那么，就难以克服困难的局面。在这种情况下，他们就会将"心碎了"这句流行的台词挂在嘴上。

人生并不会尽如人意。

第三章　为什么死抠规定的人是笨蛋呢

在漫长的人生路上，每个人都会有不管多努力都一事无成的痛苦经历。

在面临考试时，总会有人落榜，也有人无法如愿进入第一志愿的大学，只能调剂到第二、第三志愿，迫不得已接受现实。

在应聘时，也有人无法进入自己想要就职的企业，最后被迫选择那些本来看不上眼的小企业委身。

在就职后，就算拼尽全力努力工作，也不一定能够得到预期中的回报。

在竞标过程中，明明对自己的方案非常自信，并且情况汇报也非常精彩，无奈竞争对手的公司实力更强、名头更大，最终遗憾败北，令自己悔恨不已。

有时大家明明拼尽全力走访客户，但是，经济大环境不景气，导致营业额不断下跌，甚至无法实现任务目标。

有时明明是按照上司命令行动的，结果未能取得预期的效果，反而被上司出卖，当了替罪羊，被说成是自作主张导致的严重后果。

有时明明是通过辛勤努力取得的成果，结果由于与上司关系不好，没有得到公正的评价。

当发生上述种种问题导致陷入未能如愿的痛苦境地时，人们会感到异常的心痛，有一种身心俱疲、无法继续面对现实生活的感觉。在这种情况下，必须尽早平复心情，恢复情绪，以积极乐观的心态坚持到底，除此以外别无他法。因此，就需要具备较强的"恢复力"。

那些过度害怕失败的人往往"恢复力"较弱，每次遭遇失败时，就会情绪低落，无法振作起来。

由于一旦遇到困境就会失魂落魄，从此一蹶不振。所以，就更加害怕失败，总是拿着规定做借口，选择不作为，以免遭遇失败。

◆ 积极制订规定和指南实际上是为了自保

对那些光是热衷于制订规定或完善规定，因此荒废了主业的人，真心希望推进工作进展的人是看不过去的，他们会义愤填膺地斥责这些家伙犯了本末倒置的错误。

死抠规定型笨蛋一直都是按照规定和指南处理问题的，根本不会自己动脑思考判断，因此，突然被要求瞬间做出决定会令他们感到措手不及。

但是，他们又非常担心被周围的人掌握了这个弱点，令自己陷入被动局面。于是，就开始极力鼓吹"合规性"这种说辞。

一名合格的员工，在不会造成大麻烦的前提下，应该灵活地运用规定，追求成果，这是他们应有的工作姿态。但是，死抠规定型笨蛋却总是苛刻地要求大家遵守规定。利用规定可以帮助他们掩盖自身缺乏判断力的致命短板，因此，一旦他们遇到了什么难题，就急于修改

第三章　为什么死抠规定的人是笨蛋呢

规定，甚至是出台新的规定。

那些真心想要推进工作进展的人，对于不断出台新规定是非常抵触的，因为制订规定或指南本身会浪费大量的时间和精力，给人一种舍本逐末的感觉。但是，死抠规定型笨蛋却乐此不疲，在他们看来，修订或制订规定才是自己职业生涯中最光彩照人的时刻。

因为营造令自己可以放心工作的环境，是一项非常重要的工作。

◆ **将嫉妒心理封印在潜意识的世界中**

对于那些创造力旺盛、行动力强的人而言，勉强维持现状的规定是一种桎梏。

但是，对于那些本来就不具备打破现状的创造力的人，以及根本没有勇气坚决行动的人而言，光是说说"规定就是这样"，就可以作为自己不积极行动的借口，可以说是方便至极。这样一来，他们就可以将那些由于自身无能、缺乏创造力而导致的问题，比如故步自封，不敢积极创新；不敢勇于挑战，彻底打破现状等，全部归咎于规定。

对于死抠规定型笨蛋而言，那些充满创新精神、披荆斩棘跨越各种挑战的人，可以说就是"眼中钉、肉中刺"，欲拔之而后快。

这种人就像一面镜子，恰恰能够映衬出死抠规定型笨蛋的无能，因此，其存在本身就会令他们感到不快。

别让三个笨蛋毁了你的前途

人们都有自我保护的本能。如果大张旗鼓地嫉贤妒能是说不过去的，因此，很难令他们承认自己有这种难言之隐。这样一来，他们只好压抑自己的真实想法，将嫉妒心理封印在潜意识中，决不轻易释放。

但是，那些映衬出自己无能的人始终是碍眼的存在，在不知不觉中，死抠规定型笨蛋还是会下意识地流露出嫉恨的心理。由于本人不想接受这个现实，就算别人直接指出来，也会毫不犹豫地否认。然而，在内心深处，对那些不受规则限制、按照自身想法做出判断的人的嫉恨和反感却早已经蠢蠢欲动了。

因此，正如俗话说的那样，"枪打出头鸟"，他们会制止积极行动的人，拖他们的后腿。为了达到这个目的，他们会出台琐碎的规定，阻止有能力的人施展拳脚。

就算是实质上没有任何问题的事情，只要有能力的人轻视规定，或稍稍违反一点儿规定，就会被要求做书面检讨。

就这样，过度要求"合规性"就变成了死抠规定型笨蛋打压有能力者的武器。

可以说，善于独立思考的人将规定视为阻碍工作进展的桎梏，这种想法是合情合理的。

第三章　为什么死抠规定的人是笨蛋呢

◆ 无法有效实施"自我监控"

如果思考一下这种死抠规定型笨蛋的行动倾向及其背后的心理机制，就会发现他们执泥于规定主要有三个原因：一个是缺乏独立思考判断的能力；另一个是为了自保，一旦发生问题，就可以将其归咎于他人，以免暴露自己的无能。

此外，还有一个原因是通过不断制订规定，约束限制那些具有判断力并积极进行挑战的令人嫉妒的能人。

周围的人都能非常确切地感受到他们内心这些真实的想法。因此，他们对死抠规定型笨蛋会感到非常厌烦。

结果，死抠规定型笨蛋就会慢慢变成人见人厌的讨厌鬼，因为无法随机应变、独立思考而被人轻视。

既然如此，为什么他们还不思悔改，始终保持这种行动倾向，坚持做死抠规定的笨蛋呢？

这是因为他们根本不清楚周围的人是怎么看待自己的。如果知道的话，他们就会感到羞愧，决不会继续扮演死抠规定的笨蛋的角色。

这就像监控自己言行的视频系统摄像头发生了故障一样。

平时，人们需要随时观察周围人的反应，检讨自己的言行是否适当，并根据需要适时进行调整。在心理学中，这种现象被称为"自我监控"。

那些能够实现"自我监控"的人，在发现周围的人表现出厌烦等异常情绪变化时，可以及时感受到"这下糟糕了！"，于是便及时转换话题，停止向对方灌输自己的方针。

但是，如果无法实现"自我监控"，就不会感到周围人的厌烦，根本不照顾其他人的感受。

就算周围的人都诟病"这人根本不会自己独立思考问题""又利用规则来自保""又出台新规定，难道是为了拖大家后腿？"，他们也毫不在意，总是若无其事地不断推出新规定。

他们自身的"监控摄像头"出了问题，因此，这也是没办法的事情。

热衷开会型笨蛋以及下一章中将提到的"唯数字论"型笨蛋，也都有这一相同的心理机制。

总结：死抠规定型笨蛋的心理机制

- 自己不具备独立思考的习惯和能力，但是却有检索规定的能力。

- 与"追求成功型动机"相比，受"规避失败型动机"的影响更大，因此，总是尽量避免独立做出判断。

- "恢复力（心理弹性）"较差，因此极度害怕失败。

- 出于自我保护的本能，将嫉妒的情绪封印在潜意识的世界中。

- 用于自我检讨的"监控摄像头"坏了，因此，无法实现"自我监控"。这是三种类型笨蛋的通病。

第四章

为什么"唯数字论"的人是笨蛋呢

（剖析其令人困扰的行为及深层的心理机制）

在每个单位中，都有许多信奉数字的人。他们为什么这么相信数字，依赖数字呢？他们本身就对数字很敏感吗？在这一章中，我们将剖析其深层次的心理状态。为了接近"唯数字论"型笨蛋的真实面目，让我们先来看一些具体实例。

销售目标！！
¥10,000,000,000

第四章　为什么"唯数字论"的人是笨蛋呢

1 "唯数字论"的典型实例

◆ 单纯依靠数字来评价人

如果上司只对销售额感兴趣，完全靠销售数字来评价人。那么，大家就都不愿意去做与销售额无关的工作，工作单位的氛围就会越变越差。无论是谁都不想抽到下下签，因此，没有人愿意去做那些无法通过数字体现成绩的工作。

但凡是头脑清醒的人，都会对这种工作氛围产生危机意识。

有些人会感慨地说："上司每天都让大家记录接待的顾客数量，并将这个数字作为评价的重要标准之一。但是，却毫不关心大家是如何接待顾客的，因为这个决定工作质量的因素是无法通过数字表现出来的。受其影响，真正对销售额提升做出贡献的人却得不到应有的评价。"

别让三个笨蛋毁了你的前途

之所以会这么说，是因为当全心全意地为顾客热情服务时，每接待一名顾客都需要耗费大量的时间和精力。那些回头客较多的员工往往都是花费大量心思，真心为顾客付出，才赢得充分信任的。但是，与草草应对顾客了事的人相比，他们接待顾客的数量明显要少许多，因此，往往得不到好评。与之相对，那些对待顾客态度差、基本没有回头客的员工却有大把的时间可用，因此，接待的顾客数量就相对较多，反而更容易获得好评。

提到这一点，总有人无法掩饰自己的愤怒，觉得"这是无论如何都无法接受的。当上司过分执泥于数字时，就会忽视更为重要的内容。如果连这一点都不明白，只能说他就是个笨蛋"。

"唯数字论"型笨蛋并不都是上司。如果光是以数字作为评价标准，那么被评价的一方慢慢也会只在意数字。

当你周围的同事只对数字感兴趣，只考虑提升自己的销售额，对工作本身却毫不关心时，无论他们说什么，大家都会觉得很肤浅，甚至都懒得和他们说话。这都是单纯依靠数字评价的制度带来的弊端。

一旦公司内的体制变为重视数字目标，那么，工厂也会逐渐跟风转变，开始以研发的分数作为评价标准。这不仅仅会影响个人的考核评价，还会与下一年度的研发预算挂钩。因此，大家就必须将一些很快能出成果的小规模研发项目摆在优先位置，反而将一些意义重大的大规模研发项目无限期地延后。

第四章　为什么"唯数字论"的人是笨蛋呢

◆ 只对数字感兴趣，对眼前的人漠不关心

还有人抱怨说，在普遍追求数字后，没有人情味儿的人越来越多了，大家越来越难真心交流了。

不少人觉得自己的上司毫不关心大家的利益，根本不值得尊重。他们吐槽说："我们公司的上司只关心合同数量和合同额度等数字指标，却对眼前的下属漠不关心，根本不在乎我们的情绪变化。因此，完全没办法和他交心，每次与他谈话都像在和没有情感的机器人对话一样，说实话真是不值得大家尊重。真羡慕那些在大家发自内心尊重的上司手下工作的朋友啊！"

"由于上司只关心数字，当遇到困惑或烦恼而感到迷茫时，我根本不敢与他商量，总是会陷入困境。"凡是这么说的人，最开始时都是曾经尝试与上司沟通交流过的。但是，每当他们为了应对顾客而去找上司商量时，都会碰一鼻子灰，被上司以"不用管这些事情，你只管尽可能多地和人打招呼多拿合同，其他的都不用操心"为借口，直接打发掉。

当自己深入钻研经营方法，形成独到的见解后，想要去和上司汇报交流时，上司却毫不关心，只是说一句："这种事情不必细究了。无论哪种方法都差不多，总之只要能提高销售额就行。"之后就不再理睬了。虽然用词还算客气，但是，心里根本就没想过要好好沟通。

在这种上司手下工作，是不可能充分发挥主观能动性的，这一点毋庸置疑。

◆ 坚信数字是客观公正的，是绝不会错的

"唯数字论"型笨蛋坚信数字是客观公正的，是绝不会错的，他们遍及各行各业，为数众多。

比如，他们坚信只要将评价项目设定得足够详细，就可以通过计算总分来客观地进行人事评价。

他们完全不知道如何设定评分项目实际上是由价值观主观决定的，反映的是评价者个人重视的因素。

如果设定了"领导能力"这个评分项目，那么，其评价就更容易被主观色彩所左右，究竟是给打4分还是3分，完全是看当事人的外在表现来决定的。

在评价"慎重判断能力"时，评价尺度在很大程度上要受到评价者主观性格的影响，其性格是偏向慎重还是偏向大胆，将左右判断的结果，因此，针对同一对象，评价者不同，评分往往也会出现较大的偏差。

在评价"沟通能力"时，受评价者个人沟通能力的影响，评价标准也各不相同，因此，针对同一对象的评分往往也会出现较大的偏差。

第四章 为什么"唯数字论"的人是笨蛋呢

既然如此，为什么还要那么相信数字呢？是不是有点儿一根筋了呢？有些人就会对"唯数字论"者产生怀疑和不满。

有些"唯数字论"者坚持认为不仅评价项目，评价标准也要进行具体细化，这样一来，就可以得到客观公正的评价。

例如：有些管理者认为，选择那些主张将"行为"和"事实"等主观难以判断的内容列为评价项目的顾问，由他们设定具体的标准，这样就可以构建客观的评价体系。

他们展示的标准确实有些具体的内容，比如"指甲外露部分不超过 2 毫米""肩膀上不能有头皮屑""领带不能卷曲起褶皱"等。虽说这些项目可以进行客观评价，具有可信度高的优点。但是，对于工作能力而言，这些选定的项目究竟是否至关重要，却不是由客观因素决定的。

也就是说，如果我们只是简单地罗列一些有利于客观评价的项目，作为判断一个人工作能力的标准，那么就会带来一个最直接的问题，那就是这些项目究竟能在多大程度上反映出工作能力和实际业绩的高低？

有些人甚至会质疑："这些项目和标准究竟有什么意义？"他们对"唯数字论"型笨蛋没有考虑到这一点感到不可思议。但是，"唯数字论"型笨蛋却根本听不进去不同意见，就算听也发现不了其中的问题。

别让三个笨蛋毁了你的前途

◆ **虽然号称喜欢研究数字，却并不用心思考数字背后的真正意义**

大家普遍诟病"唯数字论"型笨蛋的一点是，虽然他们号称喜欢研究数字，却不去解读数字背后暗含的真正意义，根本就不关心背景因素。这种姿态会令大家觉得他们肤浅至极。

一种比较具有代表性的观点："他们眼里只有销售额，光会训人或者讲一些空话，就算向他们汇报销售额萎靡不振的背景因素，也完全听不进去，真的令人感到不可理喻。"

虽然总是口口声声说自己重视数据，却对统计学方面的知识一窍不通，又缺乏逻辑推理能力，只会关注销售额等表面现象。当大家对影响数字的原因进行分析，并提出改进方案时，他们却会产生误解，用批评的口吻警告说"不要总是找借口"。其实，大家根本没有想要找借口，只是一心想着如何做出改进，但"唯数字论"型笨蛋就是不理解，还会产生抵触心理。

这样一来，就会令人内心感到非常纠结，觉得"这种人的态度是有问题的。但是，又必须想办法将营业额搞上去，真不知道该怎么和这种笨蛋交流，太令人为难了"。

也有些管理层是真正重视客户调查问卷结果的，但是，这里面也有问题，不能单纯依靠数字来进行评价。比如，就算不同的调查问卷

第四章 为什么"唯数字论"的人是笨蛋呢

客户满意度相同，但是，接受调查的对象基数却是不一样的，有的可能是八个人接受调查，有的则可能是十个人接受调查，其结果的意义自然不同。

有些人对上司动不动就在会议上大肆批评客户评价差的负责人，或者总是指出应该改进的问题感到非常棘手，他们觉得客户参加问卷调查的动机是五花八门的，将这个结果看得太认真是值得商榷的，对不考虑数字背景的上司充满了不信任。

◆ 无论什么事情，都强调要"可视化"，滥用数值、图表

最近，"可视化"这个名词变得越来越流行，但是，大家追求的并不是真正意义上的"可视化"。只不过是无论遇到什么情况，都要求使用数字或图表进行直观展示的人越来越多了，似乎只有通过这种形式展示才有意义。

在这种情况下，一些有独立见解的人就会觉得有问题。每当看到其他人费尽心思，希望通过图表以多种形式展示随访次数和销售额时，他们就会质疑这是在浪费时间，为什么要在这种毫无实际意义的表面工作上投入如此之多的精力，真的令人感到费解。这些滥用数值和图表的人，只不过是被"可视化"的观念所吸引，坚持认为那些与内容无关的形式上的东西是有真正意义的，实际上并没有提出解决问题的

别让三个笨蛋毁了你的前途

办法和建议。

还有许多人对上司无论布置什么工作，都要求进行可视化处理，形成图表或表格有很大意见，这令他们苦不堪言。与做这些表面工作相比，他们更想出去走访客户，但是，既然被要求协助相关人员对已经结束的活动进行图表化处理，就没有任何办法，只能被迫去完成自己觉得毫无意义的工作，因此，整个人会变得急躁焦虑起来。

此外，还有一些人向我吐露过内心的不安："在自己的部门中，上司总是强调'可视化'的理念，无论遇到什么事情，都要求使用数字和图表进行说明。在具体开展工作时，大家往往会将讨论的焦点放在对哪些部分进行数字化上，从而浪费大量的时间和精力，反而影响了主业，导致没有时间去做正经的工作。长此以往，公司岂不是要走上土崩瓦解的道路吗？这令我感到万分焦急。"

像"试着按照客户性别、年代进行分类，对平均购买量进行图表化处理""试着对每天按照产品种类进行分类的销售额进行图表化处理"之类的要求，是合情合理的。但是，一旦开了头就不可收拾了，上司的要求就会不断地抛过来，比如"能否综合考虑接待人员、客户性别和预期年龄，分别生成销售额的图表？""能否从客户的着装判断其职业，并按照判断的职业种类，通过图表展示销售量较大的产品的销售额？"等。明明手头上有许多工作要处理，光是在店里接待客户就忙不过来了，真希望上司能够适可而止，多考虑考虑大家的感受。

第四章　为什么"唯数字论"的人是笨蛋呢

◆ 无论做什么事，都将"能不能用数据展示出来"作为口头禅

"唯数字论"型笨蛋经常会将一个口头禅挂在嘴边，那就是"能不能用数据展示出来？"。

当你下达命令或提出建议时，有的下属会反问："您能用数据明确指出我们应该干什么吗？"实际上，这是无法用数据表示出来的。但是，只要认真分析社会上的动向是可以明确理解的。下属这种对待工作的态度会令人感到非常反感，觉得都布置到这种程度了怎么就是不懂呢？

在这种情况下，上司最想说的是："别东拉西扯那些没用的了，按照我说的去办就行了！"但是，又怕被人说利用职权以大欺小，令自己陷入困境，因此，只能默默忍耐。心里面对于下属如此缺乏观察力和灵活性感到非常诧异。

如上所述，有些上司会对"唯数字论"型下属感到无可奈何，这是再自然不过的事情。"唯数字论"型笨蛋反应非常迟钝，因此，自然会变得高度依赖数据。

例如，只要仔细观察一下，就会发现当今社会"心灰意冷的人越来越多了"的现象非常明显。但"唯数字论"型笨蛋偏偏会问："有明确的数据来证明与过去相比，心灰意冷的人逐渐增多这一现象吗？"

别让三个笨蛋毁了你的前途

在这种社会现象没有成为大家普遍关注的问题之前，根本没人针对"大家是否心灰意冷"这一项目开展调查研究。只是当其成为社会普遍关注的问题后，才被列为调查研究项目，因此，根本就不存在历史对比数据。

还有人认为："那可以按照年龄段对现有数据进行分类研究啊！"

按照这个逻辑，我们可以发现年轻人中"心灰意冷"的人数比例相对较高这一现象。但是，老年人中也有一定"心灰意冷"的人群。之所以会出现这种现象，是因为"心灰意冷"这种说法和表达方式传播范围越来越广。

但是，如果光是研究这些细枝末节的问题，那么，无论干什么都来不及了。有些现象是只凭感觉就可以切实体会到的，根本不需要去逐一列举详细数据进行分析。比如以往大家都能坦然接受的批评方式变得越来越难接受了，有些人甚至会为此产生严重的挫败感；能够沉下心来认真干工作的人越来越少了；选择使用加班补休权利的人越来越多了等。

◆ 不相信还有无法用数字表示的事情

当今社会人们越来越相信数据，上司和客户往往会要求"用数字来表示"，令大家感到一筹莫展。在这些上司和客户中，有许多是水

第四章　为什么"唯数字论"的人是笨蛋呢

平很低的"唯数字论"型笨蛋。

当汇报新产品的研发进度时，常常被要求用数字形式表示，也就是说"用百分比来表示取得了百分之多少的进展"。但是，实际上，这种情况是不适合使用数字来表示的，难道不是"拍着脑袋提出的愚蠢要求"吗？

当汇报与客户之间的沟通交流情况时，常常被要求用百分比的形式进行量化评估，"虽说赢得了对方的好感，但是，具体下订单的概率大概有百分之多少呢？""进展顺利的可能性大概是百分之多少呢？"这些问题令人难以准确回答。没有办法，只能随口敷衍说："大概50%左右吧。"

对方在听到这个答案后，竟然会感到非常满意，觉得"原来如此啊，我明白了！"。有时，当心情不好时，他们还会提出改进意见，要求"这样下去恐怕完不成任务，你们要将概率提升到80%左右"。在这种情况下，只要随意应付说"明白了"就可以了，根本不需要什么依据。

针对这种"唯数字论"型笨蛋，有人奚落道："我们已经可以应付自如了，并不会带来什么实际危害，但是，真不知道他们脑子里到底在想什么，令人觉得不可思议。"

不少从事事务性工作的人会抱怨说："管理部门经常让我们通过数字，以看得见的形式展示自己的工作成果，这令人感到非常为难。"

别让三个笨蛋毁了你的前途

他们会质疑："无法用数字来衡量的事务性工作就不能得到公司的肯定吗？"并因此逐渐丧失斗志。

有人认为这是没有办法的事情，他们确实非常积极地参与参会人数统计、文件页数统计等工作，但是，如果以这些作为评价的标准，就显得"太不严肃了！"。

在教育和学术界，也在掀起一波重视数字的风潮。

一到年末，就被要求"以数字形式明确下一年度的工作目标"。如果是销售、采购行业，还能以商品销售量和订单数量来制订数字目标。但是，在教育研究领域，应该如何制订数字目标呢？

对这一问题存在疑问的教员们禁不住一吐为快："那些认为通过数字可以客观、科学地进行管理的高管和专家把问题想得太简单了，真的缺乏对现实情况的了解，是彻头彻尾的笨蛋。他们所坚持的原则真的是太荒唐了！"

在这种"唯数字论"型笨蛋处于主导地位的单位中，大家都感到无可奈何。平时不得不将关注的焦点放在一些与教学研究水平提升无关的数字目标上，比如教师评价调查问卷能得多少分，年度绩效考评能拿多少分，大课能有多少人报名选修，等等，满脑子想的都是一些毫无意义的事情，无法将精力集中到核心工作中。

第四章　为什么"唯数字论"的人是笨蛋呢

◆ 总是提出一些毫无意义的数字目标

"唯数字论"型笨蛋信奉应该依靠数字管理人。在这种笨蛋中，有些人总是将一些毫无意义的数字目标强加给下属。

有些员工抱怨说："我们公司的上司无论干什么事，都喜欢提出一些毫无意义的数值。明明上半年的销售额还不到500万日元，在中期总结时，竟然提出了要将年销售额目标增加至2,000万日元，真是让人无语。"

还有些员工感慨道："现在的月度合同只有10份左右，但是，上司却告诉我们要朝着明年同期月度合同达到30份的目标努力。这个要求实在是太为难人了，几乎无法完成。完全不是光凭积极努力就能实现的，这就会导致大家丧失积极性和干劲儿。"

确实，动机心理学（motivation psychology）的"目标设置理论[①]"明确提出"具体的不易实现的目标"有助于调动积极性和提升个人表

[①] 目标设置理论是强调设置目标的特点会影响激励水平和工作绩效的理论。属于过程型激励理论之一，由美国学者洛克于1967年提出。认为设置的目标应满足"SMART"原则，即挑战性的目标、具体的目标、在目标设置过程中让员工参与，以及对于过去员工实现目标的情况的反馈等具有激励作用。对实践的指导意义在于，为员工设置具体且具有挑战性的目标是改善绩效的有效激励手段。

现。但是，在设置目标时，应该充分考虑实现难度的问题，还有对方的性格。然而，"唯数字论"型笨蛋的头脑并不灵活，完全想不到这么细致的程度。

在下文剖析其心理的过程中，我将对这一理论进行详细说明。

◆ 无论什么事情，都想换算成金额进行说教

在"唯数字论"型笨蛋中，有一种人无论遇到什么事情，都喜欢将其换算成金额。

就算你只犯一点儿错误，"唯数字论"型笨蛋也会开始喋喋不休地说教："你知道自己的失误换算成工资相当于××日元的损失吗？"因为他们坚信通过数字来讲道理会增加说服力。

针对这种一根筋的上司，有许多人不以为然，他们认为上司换算工资的标准是没有任何依据的，还会浪费时间，说教这个工夫不是相当于损失了两个人的工资吗？

有些上司对下属的工作不满意时，动辄就会拿工资来说事，威胁下属说："如果像现在这样干工作，我还有必要付你工资吗？别忘了你的工资是××日元，当你的表现配不上工资时，就麻烦了。"

由于这种批评太过刺耳，有些下属就忍不住想回击："又不是你给我发工资的！"虽然换算成具体的金额更直观易懂，但是，由于换

第四章 为什么"唯数字论"的人是笨蛋呢

算的标准太过模糊，缺乏有力支撑，所以，往往会招致下属的强烈反对，反而说不进他们的心里。

◆ 缺乏长远眼光，只追求眼前的数字

如果过分执拗地认为数字比其他任何东西都重要，就容易陷入只追求眼前数字的陷阱。

有些上司的目光非常短浅，对通过眼前数字彰显自己能力水平有很深的执念。他们往往不愿意给新产品研发和开拓新业务领域等事关公司长远发展的项目划拨经费。在他们手底下工作的人会逐渐丧失积极性，导致一线士气低落，人人都为自己的未来感到恐慌。

在过度追求削减成本的单位中，就算大家提出了许多切实可行的策划方案，也不会得到批准，因此，会被竞争对手超越，从而错失先机，这令大家难掩心中遗憾，感到愤愤不平。

在只关注眼前数字的"唯数字论"型笨蛋主导的单位中，那些拥有长远眼光、总是心怀梦想积极挑战的人，往往会陷入原地踏步的窘境。

别让三个笨蛋毁了你的前途

❷ "唯数字论"型笨蛋是怎样给大家带来麻烦的呢

◆ **完全不重视无法转化为数字的工作，会导致工作水平和质量下降**

"唯数字论"型领导只重视作为结果的数字，完全不考虑个人努力等无法转化为数字的因素，因此，会导致单位工作质量下降。<u>如果坚持无法转化为数字就不给予肯定，那么就没有人再去做那些无法用数字衡量的工作了</u>。如果认真努力工作的人得不到回报，那些苦心钻营数字的人却名利双收，那么就会令一些光说不做的人大行其道，整个单位的氛围就会越变越差，必然会导致恶性循环。

有些人会慨叹，由于上司只将销售额作为评价依据，员工们就会产生投机取巧的思想，认为只要能增加营业额，就算欺骗了客户也在

第四章　为什么"唯数字论"的人是笨蛋呢

所不惜，长此以往，公司的氛围和名声就会越来越差。

还有些人会担心，由于上司只重视合同金额，就会忽视那些无法立即开花结果形成效益的工作，这样就会牺牲公司的长远利益，无法实现技术创新和领先，必然会导致未来的业绩持续下降。

通过这些慨叹和担忧的声音，我们能够清楚地感受到片面强调数字重要性的危害。

一丝不苟地认真工作、赢得客户信任的人得不到公正的评价，那些只考虑如何提升眼前数字的人却名利双收。这样一来，就没有人再真心去做那些无法通过数字表现出来的工作了，比如走访客户构建合作关系，开辟新的业务领域等，只是走走形式敷衍一下而已。

这对整个单位而言，是巨大的伤害和损失。

"唯数字论"型笨蛋的危害中有一点非常重要，那就是会导致研发质量逐渐下降，令人悔之不及，这会对整个单位都造成影响。

荣获 2016 年诺贝尔生理学或医学奖的大隅良典先生就对这种现象非常担忧，他认为学术界都在关注一些见效快的实用性研究，却不重视不易出成果的基础性研究，这是一种错误倾向。一旦大家都只关注眼前的一些数字，那么其危害就会日益显著。

隶属于研究机构的研究员和大学教授们对这一问题也极为不满。

别让三个笨蛋毁了你的前途

他们经常抱怨说:"文部科学省①总是愚蠢地做出一些决定,要求我们拿出数字目标。现在的大学学术氛围越来越差,也开始用量化数字的方式来评估研究水平和能力,那些需要大量时间和精力才能出成果的研究,以及需要深入思考并查阅海量资料才能完成的研究,逐渐变得难以为继了。""每年都会面临业绩数字考评,因此,大家都会追求一些容易表现出来的数据。这就要求大家做一些毫无意义的研究,原本充满探索乐趣的科研工作变得越来越无聊了。"

◆ 由于读不懂数字背后的因素,所以无法提高工作效率

在重视数字的前提下,如果能够对各种因素进行分析研究,比如为什么销售额总是不见提高?为什么销售额又降下来了?等等。就可以提前预测并采取有效的应对措施,达到提高销售额的目的。这才是真正重视数字的正道。

---

① 文部科学省(Ministry of Education, Culture, Sports, Science and Technology,英文简称 MEXT),前身为文部省,是日本中央政府行政机关之一,负责统筹日本国内教育、科学技术、学术、文化及体育等事务。2001年1月6日,由原文部省及科学技术厅合并而成。文部科学省的首长称为文部科学大臣,是日本内阁成员,多数由国会议员担任。

第四章　为什么"唯数字论"的人是笨蛋呢

但是，如果上司的头脑并不灵活，光是简单粗暴地训斥大家说："销售额怎么又降下来了？再不加把劲儿就只能喝西北风了！"这样一来，不管多忠实于数字，都难以达到提高销售额的目的。因为他们根本就不了解无法改善数字的真实背景，甚至连想了解背景的姿态都没有。

在"唯数字论"型笨蛋中，有许多都属于这种只关注表面数字的人。虽然他们表面上信奉数字，但是实际上根本不了解数字，也缺乏对数字的敏感性。正因为他们对数字不敏感，才会无原则地信奉数字。

这样一来，不管他们嘴上多重视数字，最终都无法在实际工作中运用数字，更别提靠数字取得理想的成果了。

◆ 只重视向别人炫耀的数字，导致数字造假、窃取他人数字之风盛行

如果上司或单位一味重视数字，那么大家就会变得拼命追逐数字。在这样的工作环境中，最容易出现的就是数字造假的问题。

"造假"这个词听起来给人的感觉并不好。如果换个说法，就是对实际的数字进行美化，给人以好的印象。

比如为了增加合同数量，就通过大幅让利的方式达到目的。

解除多年期合同，通过重新签订合同的方式，达到增加业绩的目

的。这种方式会给客户添许多手续上的麻烦，因此，需要在合同条件方面向客户让利。这样一来，自己的合同数量可以得到增加，客户也会得到好处。

确实，这些方法可以增加体现个人业绩水平的数字。但是，单位整体利润却会下降，必然会遭受损失。

在只重视数字的工作单位中，还会出现一些侵占他人业绩、独占共同业绩或者拼命提高个人数字的人。其中，甚至还有一些人会厚颜无耻地提出要求，直接说："既然你已经完成了规定的指标，那么，就把多余的部分分给我吧！"光凭数字进行评价，就会滋生急功近利之风，导致大家的价值取向出现问题，甚至觉得不管使用什么手段，只要能提高数字就行。

在这种数字至上的指导原则下，还经常发生一些令人啼笑皆非的闹剧，比如看到今年的指标快要完成了，为了降低明年的指标，就选择消极怠工。

在"唯数字论"型笨蛋主导的单位中，大家会变得光是去追求外表光鲜的数字，从而导致数字造假之风盛行。对于一个单位而言，决不希望出现这种倾向。

第四章　为什么"唯数字论"的人是笨蛋呢

◆ 毫无意义的数字是自说自话

最近，日本社会出现了一种新的动向，那就是为了避免评价的主观性，无论做什么事情，都爱选择用数字作为衡量标准，这就导致毫无意义地追求数字之风盛行。许多人信奉主观现象在转化为数字后，就会变成客观事物，这种认识是极为肤浅的。

在学校教育中，出现了不再片面重视考试成绩，而是将学习态度和积极性纳入评价体系的新动向。为了对态度和积极性进行评价，需要将其转化为数字，通过客观指标进行衡量，这一点非常重要。因此，需要统计"上课时举手发言的次数"和"休息时和课后向老师提问的次数"，并将其作为评价指标。

可以说，对于教员而言，这种方法是应对上级"重视客观评价"和"转化为数值指标"等要求的无奈之举。

但是，从另一个角度来看，如果学生们将这种方式视为得到正面评价的技巧，就会在上课过程中没有目的性地胡乱举手，或者在对课程完全不感兴趣的情况下，故意跑到教员办公室提问。这样一来，会出现一种怪异的现象，最后因为学习态度和积极性而获得高分的学生们，反而是一些对教学内容完全不感兴趣的人。

实际上，有许多学生来到我这里直率地说："我平时完全不学习，但是，在上课时总是积极举手，下课后特意到教员办公室去请教问题，很会迎合老师的心意。结果内部报告成绩非常好，得到了保送推荐的资格。无论上什么课，都完全听不懂，非常尴尬！"由此可见，那些认为数字指标肯定是客观的想法，只不过是美好的幻想而已。

在工作单位的人事评价中，也存在着类似的问题，许多人都对此持否定态度，认为它是不合理的。可以说，上一节所提到的数字造假也属于这种情况。

在大学等教育和研究机构中，也有通过变通形式来造假数字的问题。比如，在文部科学省对发表盲评审核论文（通过严格的审查后发表在学术杂志上的论文）的数量做出严格的要求后，为了完成这一硬性指标，各个大学都将此前只要投稿就可以无条件发表论文的"增刊"（各大学定期发行的校内教员论文集）改版为盲评审核论文集。

这样一来，教员们就可以像往年一样，轻松地完成盲评审核论文的发表任务。但是，从实质上看，发表论文的水平和质量与无条件发表的论文之间并没有本质区别。按照盲评制度的规定，相同领域的教员之间要对论文进行互评审核，最终确定是否可以出刊发行。但是，在实际操作过程中，教员们光是挑一些错字、丢字、漏字等语法层面和形式上的问题，几乎不会下"这篇论文完全没有发表的必要"等结论性的判断。

不管研究成果是否有实际意义，用数字表示起来就显得简洁直观。但是，如果对所有的项目都进行数字量化评估，就有些说不过去了。

第四章 为什么"唯数字论"的人是笨蛋呢

比如是否努力授课，是否尽力指导学生，是否对学校事务热心，等等。

在具体实施时，要求教员按照五个层次对自己的履职尽责程度进行评估，但是，怎么能够保证这些数字评分就是客观的呢？

<u>一旦形成数字，就会给人一种看起来客观可信的感觉。但是，实际上，在这些数字中，有许多都是主观创造出来的。</u>

这种毫无意义的数字实际上就是一家之言，只不过看起来像是有客观意义而已，是一个棘手的问题。为了创造这些毫无意义的数字，需要提供大量的垃圾文件，反而浪费了从事教学研究等钻研主业的宝贵时间，实在是犯了本末倒置的错误。

餐厅服务人员也有自己的难处，他们对高层总是将顾客问卷调查上的数字作为唯一评价标准感到不满。在实际工作中，可以认真评价员工服务质量的顾客到底有多少呢？因此，员工们根本无法接受将粗枝大叶的问卷调查视若珍宝的评价体制。

实际上，在问卷调查中出现的问题，有些是任性的顾客为了刁难员工而故意写的，有些是为了发泄欲求不满的郁闷而故意写的，这些情况是确实存在的。在真正对员工服务满意的顾客中，又有许多是不会耐心接受问卷调查的。

销售人员也不能例外，一旦遇到那些将通话次数和随访次数作为评价标准的上司，就会感到一筹莫展，无能为力。实际上，向客户认真说清情况需要大量的时间，如果只是单纯应付，草草结束，确实能增加通话次数，但是，根本没有任何实际意义。像这样片面追求通话次数和随访次数，就会影响工作的质量。

追求毫无意义的数字就像在唱独角戏，一旦这种片面强调经不住推敲的数据的评价机制成为主流，就无法客观评价大家对单位利益做出的贡献，从而导致工作质量下降，影响单位的利益。

◆ 信奉"数字万能"容易导致思维僵化

对于擅长逻辑思维的人而言，一旦遇到自己的建议和做法由于数字被否定的情况，他们就会感到没有地方评理，产生深深的挫败感和无助感。

当拿出数字来说明问题时，乍看之下极具说服力，一般是难以反驳的。因此，那些缺乏逻辑思维能力和理论水平的人，往往会高度依赖数字。因为只要拿出具体数字，就可以不费任何脑筋地解决问题。

数字只不过能反映出事物的某一侧面而已。列举的数字不同，说明问题的角度自然也不同。然而，有些人还是希望仅通过列举数字，就增强在争论中的说服力。

这种"唯数字论"型笨蛋不会动脑筋从逻辑上思考问题。就算遇到从多角度出发全面考虑问题的合理性意见，也完全不理会，只是讽刺刺道："光是讲理论的话谁都能讲，如果你想说服我，就拿出数据来。"

第四章　为什么"唯数字论"的人是笨蛋呢

当自己提出的意见和方案遭到质疑时，他们根本就不理睬对方，直接应付道："只要看看数字你就明白了。"

他们完全不知道数字具有多大的不确定性和可变性。

比如，在有关消费者意识的问卷调查中，接受调查的对象不同，得到的数据就不相同；问题项目的表达方式不同，数据就会产生很大差异；具体调查时的状况不同，数据自然也不相同。

在销售额数据和合同数量数据中，有时会夹杂一些出乎意料的偶然因素。

根据销售额，机械地确定应该加大量产的商品，这种方法是最简单的。但是，数字本身会受到许多因素的影响，比如季节性因素、名人在自媒体上的宣传效应等。此外，一些现在看起来滞销的商品将来也可能会变得畅销。

在准备向市场投放新产品时，上司会提醒说："多看看其他公司类似商品的销售动向如何？"一旦你回答"根本卖不动"或者"市场上还没有同类产品"时，审批手续就会陷入停滞。但是，换一个角度想想，也许正因为市场上现在还没有广泛销售，未来才更有畅销的机遇。

我们决不能仅凭数字就做决定，必须从多角度、多侧面、深入探讨研究背景因素，这一点非常重要。如果做不到，就容易发生误判。

但是，"唯数字论"型笨蛋却只信奉数字，养成了不爱深入思考的习惯。

◆ 只能感受到数字的厉害，根本体会不到工作的意义

不管是谁，如果光是被人强调数字的话，都会丧失工作的意义和乐趣。

某位出版社的编辑曾经向我吐露过自己充满矛盾的心声：

"自从被销售额目标束缚后，就逐渐丧失了对编辑工作的兴趣。

"创作畅销书是非常重要的，这一点毋庸置疑。但是，当你能够向世人点破他们并未参透的玄机，或者向大家传播自己认为重要的价值观时，才会真正体验到创作工作的重要意义。

"然而，现在的上司们往往只顾着迎合读者的兴趣和关注点，将所有的精力都放在攫取最大经济利益上，自然会将确保眼前的销售额作为最优先的工作。书籍是否畅销在某种意义上是一种赌博。虽然大家都知道创作的真正意义在于唤醒人们对于遗忘的精神财富的重视，激发人们对于解答心中疑惑的兴趣和关心，清楚编辑的真正使命在于发挥'文化创作旗手'的作用。但是，现实销售的压力却不允许人们进行挑战。这样一来，大家就会丧失文化创作带来的喜悦，只关注书籍是否能够盈利了。"

其他出版社的编辑们也对我吐槽说："最近，通过书店门店的

第四章 为什么"唯数字论"的人是笨蛋呢

POS系统[①]就可以直接了解到销售额,因此,从提高销售额的角度出发,行业内光是对现在畅销的书籍进行再版或模仿,想做些有益于社会的工作变得越来越难了。"

还有编辑感慨有的总编总是说:"最近我总听到大家说好书不畅销,但是,这实际上是错误的。畅销的书才是真正的好书。"在他们手下工作,真的是太难熬了。

我们都清楚作为单位必须要盈利,否则就会陷入困境。但是,如果遇到事情就靠数字来评价的话,就容易陷入误区,轻易地抛弃无法用数字体现的价值观之类的真正有意义的东西。这样一来,大家就难以感受到工作的意义了。

◆ 无法赢得下属的信任,单位难以维系正常运转

真正令人担心的是只关心如何提高销售额的上司。既然企业是以盈利为目的的,那么提高销售额就是最基本的要求。但是,作为上司,

---

① POS(point of sale)的中文意思是"销售点",全称为"销售点情报管理系统",是一种配有条码或OCR码技术的终端阅读器,有现金或易货额度出纳功能。其主要作用是为商品与媒体交易提供数据服务和管理功能,并进行非现金结算。

还是应该勤于思考，比如多提提关于向企业提供方案的意见。

当然，由于领域不同，在有些方面，下属比上司了解得更加清楚，因此，上司并不是总需要给出建议。但是，那些平时只是空谈数字、根本不涉及具体内容的上司，是无法赢得下属信任的。

在这种上司手底下干活的下属会感到无可奈何，他们慨叹地说："我们公司的上司，只考虑如何提高销售额，急于对上彰显自己的业绩。因此，在提出方案时我们就必须做得很浮夸。当客户提出需求时，如何进行应对是非常重要的，但是，他们又没有策划方案内容的头脑和能力，只会做甩手掌柜。一旦遇到困难，光会说谈不下来合同就糟糕了。搞得我们真想在更值得尊敬的上司手底下工作啊！"

作为下属，在无法帮助自己成长进步的上司手底下工作感觉是非常空虚的，这样一来，由于上司缺乏感召力和牵引力，整个单位都无法正常运转。

在这里，我希望大家深入思考的是领导影响力的来源是什么。也就是人们究竟愿意在什么样的上司手底下工作呢？按理来说，这个内容应该放在下一节的"剖析心理"中来分析，但是，为了加深大家的理解，特在此进行说明。

关于领导的影响力的来源，在心理学中，一般可以分为六类，即"奖赏的权力""惩罚的权力""法定的权力""参照的权力""专家的权力""信息的权力"。

第四章 为什么"唯数字论"的人是笨蛋呢

所谓"奖赏的权力"是指通过金钱奖励、地位奖励、价值肯定等奖励方式来满足下属愿望的影响力，具体形式包括涨薪、发奖金、晋升、表彰以及创造转岗机会等。

在这种权力的作用下，只要你听从安排和命令，就可以赢得好评，得到晋升，实现转岗调动的愿望。权力主体可以通过满足你对报酬的期待，来印证自己的影响力。

所谓"惩罚的权力"是指通过金钱惩罚、地位惩罚、名誉和价值否定等惩罚方式来警告、惩戒下属的影响力，具体形式包括拒绝涨薪、减薪、延缓提升、降级、处分、贬职等。

在这种权力的作用下，只要你不听从安排和命令，就会影响奖金发放和升迁，甚至可能被贬职。权力主体可以通过威胁给予惩罚，来印证自己的影响力。

无论是奖赏的权力还是惩罚的权力，都是下属需要无条件接受的影响力，因此，就算下属不能完全接受，也没有办法，只能选择服从决定。但是，这种服从并不是发自内心的信服，必然招致下属内心的反抗。可以说，他们之所以能够忍受这些连工作建议都提不出来的上司，完全是奖赏和惩罚的权力所致。

所谓"法定的权力"是指由于地位和职务的关系，迫使接受影响力方觉得"施加影响力方对自己造成的影响是理所当然的"，并绝对服从的影响力。

这与奖赏的权力和惩罚的权力相同，都充满无可奈何的意味。

所谓"参照的权力"是指给下属等留下好感和心理认同感的影响力。

这种权力以下属希望成为与上司一样的人的认同感为基础，上下级之间存在好感和心理认同感，因此，完全不像奖赏的权力、惩罚的权力和法定的权力那样，令下属感到勉强和无可奈何，而是充满喜悦地接受命令和建议。

所谓"专家的权力"是指施加影响力方在某一领域具有丰富的经验，并且有足够的权威，令接受影响力方觉得"他的水平远在我之上"的影响力。

这种影响力也与奖赏的权力、惩罚的权力和法定的权力不同，不会令下属感到勉强或无可奈何，反而会令他们真心接受，毫不抗拒地服从命令，接受建议。

所谓"信息的权力"是指施加影响力方拥有有用的信息，并且对信息源非常熟悉，从而产生的影响力。

在进入IT时代后，能够接触到必要信息的能力变得越来越重要。拥有信息权力的人，无论是上司还是下属，其影响力都变得越来越大。

上司对下属拥有奖赏的权力、惩罚的权力或法定的权力，这一点是理所应当的。但是，如果光是运用这些权力，总会给人一种勉为其难或无可奈何的感觉，导致大家只是在形式上遵照命令行动，一旦找

第四章　为什么"唯数字论"的人是笨蛋呢

到机会就会趁着上司不注意偷懒怠工。虽然下属也能履行最低程度的义务，却无法充分调动他们的主观能动性。

如果上司光是在嘴上说大家要提高销售额，脑子里想的却都是如何向上司彰显自己的业绩，或者对工作内容完全不了解，给不出任何建议，是无法令下属感到满意的。

在六种权力中，虽然奖赏的权力、惩罚的权力和法定的权力都属于必须无条件接受的，但是，如果缺少参照的权力，就不会被人尊重。如果缺少专家的权力或信息的权力，在工作方面就难以服众。

◆ 被眼前的数字羁绊，影响长远发展

被眼前的数字所羁绊，会出现落后于时代发展的现象。

比如，只关心能够迅速出成果的工作，对有利于未来的投资漠不关心。因此，当现行商品战略不再适用时，无法做出有效的应对。

在审查新的工作计划时，经常会要求下属"通过数字来展示预期成果"，并误以为这是一种忠实于科学的姿态。在面对新创意时，是难以预料消费者的反应的。有可能会大受欢迎，取得成功，也有可能竹篮子打水一场空。如果光是想着能否预测销售额，就无法充分发挥来之不易的创意的作用。

通过合理组合反映行业动向和市场动向的各种数字，似乎可以形

成更为完善的方案，从而轻松通过审查。但是，实际上，新创意往往是没有先例可循的，因此，难以找到数字证据。

本来，无论什么样的数字化，给大家展示的不过是已有的情况，实际上，根本无法预测未来。因此，信奉数字的人非常愚蠢。人们应该将关注的焦点集中在无法通过数字表示出来的创意上，但是，"唯数字论"型笨蛋却根本没有这种想法。

他们过度执泥于已经很清楚的历史业绩，完全不在乎无法用数字预测的未来。

在必须要打破僵局时，就应该勇于尝试新的挑战。特别是在随着IT技术不断发展而剧烈震荡的时代中，为了在无法预测的未来生存发展下去，就需要拿出不惧失败的勇气，摆出积极挑战的姿态。

如果被数字所束缚，就会只关注结果，从而丧失了积极挑战的勇气，无法应对时代变革的洪流。

◆ 为了所谓的"可视化"，牺牲了原本宝贵的业务时间

随着幻灯片和"可视化"概念的普及，"唯数字论"型笨蛋仿佛打了鸡血一样，从中感受到了自己存在的价值。他们光是在制作图表、插入动画和制作效果等表面工作上下工夫，以此展示自己专心开展工作的姿态。

第四章 为什么"唯数字论"的人是笨蛋呢

但是,实际情况是,与其在既有成果的美化和展示上耗费时间和精力,不如多下工夫思考如何创造出下一个成果,这样才是真正有意义的。

如果遇到这样"唯数字论"的上司,下属就会将精力都放在做表面功夫上,干一些毫无实际意义的工作。外出走访客户、提出策划方案、整理工作思路等主业所需的时间,完全被无聊的工作抢占,对单位而言,这是一种极大的损失。

别让三个笨蛋毁了你的前途

3 剖析"唯数字论"型笨蛋的心理

◆ 如果用数字表示，无论反应多么迟钝的人都能读懂

为了理解工作的本质并进行评价，必须按照所述内容，从多角度来看待事物，这要求人们具有较高的事物认知能力。

但是，一旦谈到工作质量等复杂的话题时，"唯数字论"型笨蛋的反应就跟不上了。

他们在观察能力方面存在短板，无法通过外在工作状态，了解下属是否积极地构建了与客户之间的信任关系，是否有效地满足了客户需求，是否认真踏实地开展了工作。因此，只能用数字作为评价标准，完全依靠数字量化来评价下属的工作。这是因为无论反应多么迟钝的人，都可以轻松直观地读懂数字。

"唯数字论"型笨蛋非常缺乏想象力，他们无法通过与大家对话

第四章 为什么"唯数字论"的人是笨蛋呢

和阅读书籍、报刊来把握时代潮流，勾画未来的发展蓝图，只能陷入死抠数据的陷阱。

无法通过实践亲身感受，头脑反应迟钝，再加上缺乏通过当前动向预测未来发展潮流的直觉和想象力，这样的人只能一味强调"通过数字展示""用数字说话"。他们无法从那些还不能通过数据反映出来的社会现象中，敏感地发现变化的征兆，并采取有效的应对措施。

◆ 认知复杂性较低

认知复杂性越低的人，就越信奉数字。

所谓"认知复杂性"，是指一个人能否从多个角度认识把握事物的特性。

认知复杂性高的人可以从多个角度观察事物。与之相对，认知复杂性低的人看问题的角度是非常简单的。

比如，越是认知简单的人在看待事物时，就越喜欢非黑即白。他们无法从不同视角来看问题，容易一根筋地做出片面的决定。虽然无论对方是谁，肯定都有与自己相投的一面，也有与自己不投缘的一面。但是，他们却看不到这一点，总是喜欢对人进行定性，武断地认为一个人不是朋友就是敌人。

当与对方聊得投缘时，就轻易做出正面的评价，认为"这家伙人真不错！"。但是，一旦对方的表现与自己的期待不符，就武断地给予负面评价，认为"真想不到他是那种人，是我看走眼了！"，态度来了个180度的大转变。

如果认知过于简单，就无法在头脑中清醒地分析、把握复杂的事态。

无论多么用心地筹划创意，多么周全地准备发言材料，都无法预测实际交流过程中对方会做出怎样的反应，也猜不到竞争对手会提出怎样的方案。因此，就算拼命努力准备，也不能保证100%的成功。

在这种情况下，认知复杂性低的上司就会说出"不管怎样都要拿到订单""按照这个策略真的没问题吗？""你要搞清是否能够顺利推进！"之类的不合逻辑的话。实际上，在现实生活中，几乎就不存在能够这样简单得出结论的事情。这种上司真的是脑回路过于简单的笨蛋。

◆ 说服策略可以分为"单面说服"和"双面说服"

说服其他人的心理学策略，可以分为"单面说服"和"双面说服"。

比如，在推销某种商品或设备时，光是列举引进后能带来多大方便或提高多少效率等优点的方法，就是单面说服。

与之相对，还有一种双面说服的方法。这种方法既承认引进商品或设备后确实会带来许多便利并提高效率，但是，也不否认会引发一

第四章 为什么"唯数字论"的人是笨蛋呢

些问题，比如成本会变高，学习操作方法需要耗费一些时间和精力等。

那么，究竟哪种方法的效果更好呢？这实际上要取决于想要说服的对象。

针对有些对象，使用单面说服的效果更好，而针对另一些对象，使用双面说服的效果更好。这是由说服对象的认知复杂性程度决定的。

针对认知复杂性低的人，如果详细地说明商品或方案的优势和劣势两方面，反而会令他们的大脑产生认知混乱，无法处理复杂的信息，感到"怎么回事？这么一说我都不知道到底是好还是坏了，你真的是想把东西卖给我吗？""连你自己都反反复复搞不清楚，让我怎么做出判断啊？""这么说引进商品是弊大于利的？究竟是怎么回事啊？你得和我说清楚啊？"，从而变得焦躁不安起来。

针对这种认知性单一的对象，就不要去做复杂的说明，应该使用单面说明，尽可能简单明了地讲清楚优点，这样才更为有效。如果你涉及的观点过多，就会导致他陷入思维混乱，无法做出决定。

但是，针对认知复杂性高的人，如果光是说明商品或方案的优点，就会令对方质疑："总是在这里罗列好的方面，里面是不是有什么猫腻？"效果适得其反。无论什么商品或方案，都会有优缺点，因此，不可能存在光是好的方面的选项，这一点是毋庸置疑的。

针对这样的对象，就不能仅仅罗列优点，还需要使用双面说服，从多个角度综合说明推荐购买或引进的理由，这样才能达到理想的效果。

通过这个实例,我们可以学到一点,那就是认知复杂性低的上司往往无法理解复杂的内容,因此,就喜欢将数字这一简单直观的形式作为衡量事物的标准,并依照其做出判断。

下文的第五章还将对此进行详细说明。在这里只想强调一点,这种认知复杂性低的上司属于一根筋的类型,对他们讲过于复杂的事情,根本不会有好的效果。因此,如果能够拿出数字这种单面的、简单易懂的证据,就更容易说服他们。

◆ 缺乏逻辑思维能力和推理能力,因此,喜欢事事都将数字作为依据

那些不擅长逻辑思维的人,往往会滥用数字。

他们无法从逻辑上说服对方,因此,就会拿出数字说事,直接用"数据就是这样"来印证并增强自己的说辞。在他们心中,有一种"占到了理"的心理优势,认为"怎么样,你该知道怎么办了吧!我这里有充分的数字依据!你就别扯那些没用的了,听我的就行!"。

为了隐藏自己缺乏逻辑思维能力的短板,他们把数字当作救命的稻草。

实际上,就算他们缺乏逻辑思维能力,根本没有以理服人的自信

第四章　为什么"唯数字论"的人是笨蛋呢

和底气,但是,只要他们拿着数字说事,坚持咬定"数字就是这样的",还是有许多人被说动,表态承认"确实如此,是这样的"。由此可见,社会上"唯数字论"的笨蛋还真是大有人在啊!

因此,通过列举数字说事,可以增强自己所提意见或方案的说服力。

数字可以给本不严谨的判断增添说服力。就算缺乏逻辑思维或推理能力,只要能提出合适的结论,并且使用数字作为佐证,就可以做出看似合理的解释,足够自圆其说。

这些"唯数字论"型笨蛋根本不用深入进行逻辑思考,只需要摆出数字讲一些不严谨的结论,就可以大行其道。之所以会出现这种局面,是因为社会上有太多的"唯数字论"型笨蛋,只要一摆出数字,他们马上就会信服。

有时,由于无法依靠创新制胜,就必须借助数字的力量。创造力旺盛的人就算不依赖数字,也可以赢得周围人的信任,做出具有说服力的发言,令人不由得赞叹:"确实是这样啊!""这真是个了不起的创新啊!""这个观察事物的角度真是犀利啊!"如果缺乏这种创造力,就只能借助数字来佐证自己提出的观点。可以说,越是缺乏创造力的人,就越依赖数字。

别让三个笨蛋毁了你的前途

◆ 由于无法与人进行心灵的沟通，只能坚持信奉数字

有些人向我诉苦说自己的上司只关心数字，毫不在乎眼前的人，因此，彼此之间缺乏沟通交流，完全没有默契可言。还有人抱怨说上司光用数字来评价下属，根本不和我们进行心灵的交流，就像一个没有感情的机器人一样，非常冷漠无情。

对于这种不满的情绪，我非常理解。但是，作为上司，如果听到下属这么说，自己应该会感到问题的严重性了吧！

这种上司也不是故意要压抑人性，片面追求数字的。只是因为天生就对人的情绪和心理变化反应迟钝，不擅长与人进行心灵沟通和交流。他们无法理解下属和周围的人为什么那么关心人性的部分。

因此，他们就将自己关注的焦点都放到简单易懂的数字上，开始只用数字来评价人。不管自己反应多么迟钝，多么不擅长了解别人的心情，只要依靠数字就可以解决所有的问题。因此，就逐渐变成了"唯数字论"型笨蛋。

◆ 无法理解数字并不是绝对客观的

"唯数字论"型笨蛋最令人感到麻烦的地方就是将数字视为绝对客观的。无论是谁都不能否认数字的重要性。但是，数字中也有一些

第四章 为什么"唯数字论"的人是笨蛋呢

是没有任何意义的,还有一些是不准确不严谨的。如果意识不到这一点,就会陷入困境。

有一点我已经反复强调过了,"唯数字论"型笨蛋实际上并不真正了解数字。

他们误以为只要转化为数字就是客观的,却不知道数字本身就是主观产生的。因此,才会毫无原则地信奉数字。

比如,在本来没有线的地方硬画上线,并用数字进行量化考评,这是人事考核中经常使用的方法。

这种考核机制经常用肉眼可见的数字来表示一个人的内在能力,比如领导能力评估得分4分,沟通能力评估得分5分,筹划能力评估得分3分,信息检索能力评估得分4分,创造力评估得分2分,等等。

按照这种方式进行量化评价后,就可以与其他人或单位的平均分进行比较,得出统计结果。可以说,这种方式给考评数据披上了客观科学的外衣。

但是,在确定对某一行为或态度究竟是打4分还是5分的过程中,选择评分的依据和标准是具有极强主观性的。

有时,确实可以通过具体实例来明确评价行为和态度的标准,比如"只要完成这些事就可以打5分"。但是,这些标准是无法覆盖所有的行为和态度的。此外,在作为标准列举的条件中,有些是合理的,也有一部分是不合理的。

也就是说，数字量化本来就无法确保绝对客观。

这不仅是数字量化的问题。就算数字本身是客观的，决定人们重视哪些数字的因素也不是客观的，而是极为主观的。

比如在对销售人员进行评价时，除了拿到的订单数量和合同金额以外，有时还会加上"走访客户次数"这一评价项目。

每月走访客户80次的业务量已经非常大了。但是，如果只是重视次数本身，走形式地进行走访以增加绩效的话，就违背了走访的初衷。而那些走访量只有50次的销售人员在数量上虽然不如他们，但是每次走访都非常用心，充分与客户交流，全力构建信任关系，所做的一切都是为了公司利益。然而，在现实生活中，两者相比，前者得到的评价往往更高。后者是在积极地为公司未来的发展奠定基础，却无法得到数字方面的肯定。

由此可见，并不是转化为数字了就可以实现客观公正的评价，但是，"唯数字论"型笨蛋却无法接受这一现实，他们还是无条件地信奉数字，结果对工作贡献大的人得不到应有的评价，反而被那些对工作贡献小的形式主义者占尽便宜。这令人高度质疑评价者是根据自己的主观臆断或喜好来做出评价的，从而影响了评价的公正性，然而，他们本身却完全没有意识到这一点。

许多人对这种笨蛋竟然如此痴迷于数字感到不可思议，但是，他们本人却不以为然。由于他们本身对数字不敏感，缺乏应有的了解，

第四章 为什么"唯数字论"的人是笨蛋呢

所以才从不怀疑数字的客观性。

◆ 绝对信奉数字，无法区分有意义的数字和无意义的数字

"唯数字论"型笨蛋总是将"用数字来说话"挂在嘴上，绝对信奉数字，尽管已经有人明确指出数字是主观创造出来的，他们却毫不理会，根本无法区分哪些数字是有意义的，哪些数字又是没有意义的，只是盲目地信奉数字是绝对正确的，令人感到非常棘手。

重视销售额的"唯数字论"型笨蛋一旦拥有了管理权，就会罔顾下属们的利益，只一个劲儿地追求销售额。因此，有些下属就会剑走偏锋，通过让渡利润的方式甩卖产品，以提高销售额。但是，对于整个公司而言，这种方式并不能增加利润，会令企业陷入困境。对待这种情况，上司觉得只要销售额提高了就行，非但没有任何意见，反而感到非常高兴。可以说，他们根本不明白数字的真正意义。

还有些整天强调无论如何都要确保盈利的上司，他们只重视眼前的利润，通过削减未来投资来进一步提高眼前的数字。因此，基本不会批准着眼未来的项目经费，导致大家都担忧未来会遇到发展瓶颈，陷入进退维谷的局面。但是，上司却并不担心，完全不明白眼前数字的真正意义。

如上所述，大学的研究岗位也深受"唯数字论"型笨蛋之毒害。

别让三个笨蛋毁了你的前途

比如，片面重视年度绩效数字，并以此为依据分配预算，导致大家都去争着做一些简单并且容易出成果的研究。那些踏踏实实坐冷板凳，一心一意攻研高难课题，一丝不苟钻研论文专著的学者们在数字上完全不占优势，根本得不到应有的评价。反而是那些上课光搞问卷调查，将分析统计结果发表在大学选刊和内部报纸上作为成果的研究人员，业绩数字更为显眼。

在授课评价方面，也存在同样的现象。如果片面重视由学生评价老师的授课问卷调查的满意度数字，就会产生不良的导向，导致老师们不再认真思考如何锻炼学生能力，反而给那些学习不认真的学生打高分，光是说一些不得罪人的话，希望讨好学生给自己打高分。这样一来，那些学习不认真的学生根本就不会取得进步。这种做法完全背离了教育的初衷和目标。但是，对于那些明哲保身、缺乏信仰的教员而言，为了解燃眉之急，根本顾不了太多了，只能采取这种方法以求自保。

这都是不深入思考数字的真正意义、光是盲目信奉数字的"唯数字论"型笨蛋肆意妄为的结果。

◆ **数学情结极强**

"唯数字论"型笨蛋总爱将数字挂在嘴边，一说到什么就用数字

第四章 为什么"唯数字论"的人是笨蛋呢

来表态，觉得只有这样才算科学、客观，并且为自己信奉数字而感到骄傲自豪，甚至陶醉不已。

那么，为什么他们会迷信数字到这种程度呢？又为什么会坚持认为"数字是最厉害的"，从而绝对信奉数字呢？可以说，这都是因为他们具有极强的数学情结。

实际上，"唯数字论"型笨蛋一般都不懂统计学原理。他们根本无法理解统计学的主观性和陷阱，因此，才会无条件地信奉数字。

例如，一旦将数字转化为百分比的形式，他们就会毫不犹豫地选择无条件接受，根本注意不到参数和统计总体[①]的偏差，更不了解当参数过少时，统计数字就没有任何意义。如果接受统计的人都是关心问题的人、相关利益方或者是身边的人，那么，统计总体就会出现偏差，统计数字自然就毫无意义。但是，他们却完全不介意这一点，只是盲目地信任数字。

---

① 统计总体（population）是指统计所要研究的事物的全体，由许多具有某种共同属性或特征的个别事物组成。组成总体的个别事物称为总体单位。例如，研究工业企业生产经营状况时，全部工业企业是一个统计总体，每一个工业企业是总体单位。

别让三个笨蛋毁了你的前途

之前,有人就"丧母现象①"约稿时,我曾偶然浏览过某杂志的"丧母现象特刊",其中,有一项针对 500 名 40 岁至 50 岁之间女性的问卷调查。根据调查结果,针对丧母之后的痛苦心情会持续多久的问题,18% 的人回答"3 年左右",5% 的人回答"5 年左右",4% 的人回答"10 年以上",30% 的人回答"直到自己离开人世都会一直痛苦"。

于是,他们根据这一统计数字,得出了半数以上人的"丧母现象"会持续 3 年以上,三分之一人会一直持续到去世的结论。

但是,这里面实际上有一个误区。无论是谁遇到母亲去世这种不幸的事都会感到悲伤,当你问他们这种悲伤会持续多久时,是令人难以回答的。但是,由于调查要求必须作答,因此,只好选择"3 年"或"5 年"的答案。这样一来,一旦转化为数字统计结果,就会被认为是客观的数据。在那些回答"直到自己离开人世都会一直痛苦"的人中,悲伤的程度是千差万别的。再加上原本对"丧母现象"毫不关心的人和那些没有经历过丧母之痛的人会故意选择不接受调查问卷,这就影响了统计抽样的范围,最终得到的调查结果实际上反映的只是对这件事情抱有一定程度关心的人的百分比。

---

① 是指日本社会中近年来出现的一种女性心理倾向,特指在母亲去世后,长时间无法从失去亲人的痛苦中解脱出来,陷入抑郁状态的女性人数不断增加的趋势。

第四章　为什么"唯数字论"的人是笨蛋呢

一些电视新闻节目也举办过关于"丧母现象"的特别节目。期间，热心观众提出了许多互动意见，根据统计结果，每四人中就有一人无法走出母亲去世带来的心理阴影。每天习惯于观看这一新闻节目的人想必为数不少，偶尔被特别节目主题吸引的人也一定很多。这里的"每四人中就有一人"，是指观看节目并被吸引发言的人中的四分之一。

退一步说，在收看电视节目的人中，给电视台反馈意见的恐怕也大都是受丧母打击较大的人。对这件事不那么关心的人估计不会特意去发表自己的意见。这样想来，就会发现反馈意见的人中有四分之一这个数字并没有什么实际意义。

可以说，"唯数字论"型笨蛋之所以会完全接受这一数字，是因为他们思维过于简单。那些能够冷静客观地对待数字的人，是绝对不会真正接受这一数字的。

"唯数字论"型笨蛋对数学有很强的情结，因此，才会接受这种毫无意义的单纯的数字。也正是受这种情结的影响，才会丧失理性地一味信奉，不去冷静思考数字背后的真正意义。

他们往往在学生时代数学成绩就非常差，直到工作后仍然保有极强的数字情结，因此，才会对数字有特殊的崇拜，毫不怀疑数字的作用。

一旦将数字摆出来，他们很快就会接受。只要看到数字，他们就会感到充实有底气，并且坚信数字是客观的，根本不清楚也不相信数字是主观创造出来的。这些都是数学情结作用的结果。

别让三个笨蛋毁了你的前途

　　数学只不过是一种工具,可以用来增强经过逻辑思维判断后提出的创意的说服力。人们会寻找有利于证明自己创意合理性的数字,并提出来印证自己的判断。因此,大家往往只会关注数字中有利于自己的部分。

　　这样一来,在赞成或反对某一方案或意见时,大家提出的数据自然各不相同,会带有明显的主观色彩。如果数学情结过强,往往就会忽视这一现象,对数字产生的背景毫不怀疑,从而陷入毫无意义的数字陷阱不能自拔。结果,为了满足数字情结而选择信奉数字,反而容易被数字所欺骗。

◆ 不明白部分数字相加的总和并不能代表整体

　　"唯数字论"型笨蛋脑子里装的只有数字,只会数字思维(digital thinking),根本不会模拟思维(analog thinking),因此,对一些平时应该掌握的情况也反应比较迟钝。

　　例如,明明单位里的人都觉得"那个人真的很能干","唯数字论"型笨蛋却根本感受不到,反而只会根据细化的评价标准进行考核,完全不懂得变通。

　　他们在选择结婚对象时,也会搬出量化考评那一套,对对方外表、性格、兴趣、年龄、职业、学历、收入等各项目与自己的匹配度进行

第四章 为什么"唯数字论"的人是笨蛋呢

打分,按照分数高低来做出决定,令人啼笑皆非。

但是,在实际相了几次亲之后,就会发现自己所重视项目总得分较高的人反而不是给自己印象最好的那些。在实际接触后,才会明白最终决定印象的并不是每个部分评价的简单堆砌,而是整体的氛围。在这种氛围的影响力之下,之前费尽心思对各个部分做出的评价数字都显得苍白无力,变得没有任何意义了。

要区分一个人是不是真的能干,也不能光看各个项目的量化评分数字,还要看他的整体表现,也就是是否能够赢得客户的信任和好感。

但是,"唯数字论"型笨蛋却不懂这一点。因此,他们总是被一些无关紧要的细节所羁绊,从而忽视了真实情况。

◆ 通过数字来管理人员是非常轻松的

综合评价一个人的工作状态是非常困难的,这就要求负责评价的人具备相当高水平的认知复杂性,因此,对于那些一根筋的人而言,有些勉为其难。

但是,如果将数字作为唯一的评价标准,那么,这一点就不再是问题了。不管上司们反应多么迟钝,都可以自动地实现对人的评价。只要摆出数字,就可以不去考虑那些难题,轻松完成人事评价。

我们经常听到来自基层的呼声,认为工作的质量是无法通过数字

别让三个笨蛋毁了你的前途

量化评估的，因此，希望上司们不要光是关注数字，还要多关心工作的质量。但是，对于"唯数字论"型笨蛋而言，他们无论怎么关注也发现不了问题，于是很快就又回到了依赖数字的老路上。

不仅如此，通过数字来评估和管理下属，会给人营造一种尊重客观依据、管理认真负责、科学合理的印象。这样一来，就可以完美地掩饰自己缺乏判断工作质量优劣能力的短板。"唯数字论"型笨蛋之所以热衷于用数字来管理人，就是因为它有这个优点。

在上文中，我们提到过有些员工被强行摊派不可能完成的数字指标感到无能为力的例子。这是由于上司们对心理学中的"目标设置理论"的理解还比较肤浅。

"目标设置理论"认为，如果将目标定在"尽自己最大努力"的水平上，就会出现模棱两可的问题，导致有人浑水摸鱼、消极偷懒。因此，才要提出"具体并且不易实现的目标"，以此调动下属的主观能动性，增强他们的积极性和进取心，从而达到提升其整体表现的目的。但是，这里面有一个困难程度的问题，虽说要制订不易实现的目标，但也不能一味地追求那些遥不可及的不现实目标，处理不好的话反而会产生负面效应。然而，"唯数字论"型笨蛋根本把握不了这个分寸。

此外，还需要明确区分预期目标水平和事后评价标准。在设定预期目标时，为了最大限度地调动大家的积极性，可以将数值目标设得高一些，但是，在事后评价时，要结合现实水平，适当地调低评价标

第四章 为什么"唯数字论"的人是笨蛋呢

准。如果不这样做的话,被评价一方会对工作感到厌倦不已。

给人压担子,下达困难目标的效果是因人而异的。

有的人会燃起斗志,觉得"来吧!放马过来吧!"。有的人则会沉浸在消极情绪中,一点儿精神都没有,只是自怨自艾地说:"这不是难为人吗?根本完成不了啊!"

"唯数字论"型笨蛋不懂得变通,无法灵活地进行应对,只能选择使用数字进行管理。因此,他们是考虑不到这些复杂因素的,一遇到问题总是拿出数字来说事。

总结："唯数字论"型笨蛋的心理机制

· 认知复杂性低，无法从多角度观察事物，只是单纯地信奉数字。

· 无法理解"单面说服"和"双面说服"之间的用法区别。

· 与常人相比，缺乏逻辑思维能力和想象力。

· 学生时代的数学情结至今仍如影随形。

· 无法根据实际情况灵活运用"目标设置理论"。

第五章
怎样保护自己免受
"三个笨蛋"的危害呢

"公司里的三个笨蛋"会给整个单位组织带来巨大的麻烦,通过上文的介绍,我想广大读者朋友们一定非常清楚了。第五章将针对"三个笨蛋"共同的心理结构进行深入剖析,并提出具体的应对方法。

第五章　怎样保护自己免受"三个笨蛋"的危害呢

1 "三个笨蛋"都是缺乏自信并且喜欢明哲保身的小人

如果一个人充满自信和干劲儿,是不会将所有的事情都放到会议上决定的。

有一个词叫做"暴民政治",形容的就是一群乌合之众聚集在一起,随意滥用所谓的民主权利,导致局面陷入混乱。在公司中也是一样,由于缺乏对事物冷静判断能力的人和遇事只求自保的人很多,那些充满创新精神的敏锐判断和建议很可能会遭遇强大的阻力。

一旦鸵鸟主义者[①]扎堆,先进的理念就难以得到理解和认同。因此,那些有先见之明的人和敢于打破现状的人,往往不想召开会议,而是希望在自己的权限范围内做出决定。

[①] 鸵鸟主义指在实践中像鸵鸟一样,遇到困难或是危险的事情就采取逃避的态度和行为。因为人们普遍认为鸵鸟有被追急时就把头钻进沙里以逃避困难的习性。

那些对自己的判断力和创造力充满信心的人，总想尽量避免开会，以免被那些万事求稳妥、遇事总要看看有没有先例的人束缚了手脚。

那些充满干劲儿、一心扎到工作里的人，会觉得开会占用了他们宝贵的工作时间，是一种巨大的浪费，因此，总是希望能够开短会，提高工作效率。

那些以积极心态努力工作的人，绝不会将会议作为放松的场合，平白浪费时间享受会议。

◆ 如果充满干劲儿和自信的话，就不想被所谓的规定束缚

缺乏自信的人往往有一种自保的思维方式，觉得只要有规定可以参照，就会感到放心、安全。对于缺乏自信的人而言，规定就是保护自身安全的护身符。

总而言之，由于对自己单独做决定感到不放心，就觉得多一事不如少一事，最好还是不要违反规定，于是就朝着什么决定也不做的方向发展。确实，如果不做任何创新和发展，就不会担上判断失误的责任。这是典型的鸵鸟主义思想。

与之相反，对于那些充满自信并且富于挑战精神的人而言，规定并不是用来确保放心、安全的护身符，而是阻碍事业前进发展的障碍。

他们非常相信自己的判断力，因此，根本不依赖规定，反而厌恶

第五章 怎样保护自己免受"三个笨蛋"的危害呢

被规定所束缚。他们经常怀疑:"规定到底是什么?"觉得被规定束缚令自己感到郁闷,希望积极推动工作,向自己认为对的方向迈出坚实的脚步。

对于担心违反规定的下属,他们也会积极鼓励说:"你们觉得规定是用来干什么的呢?肯定不是用来阻碍工作进展的吧?我想规定之所以存在主要是为了防止思考不周、盲目行动而导致的错误。""我们平时都是经过认真思考论证才做出决定的,因此,根本不必被无谓的规定所束缚。你们放心去干吧,出了问题由我来承担责任。"以此缓解大家的思想压力,营造放手干事的氛围。

但是,在缺乏自信而又因循守旧的死抠规定型笨蛋眼里,持这种开放言论的人是极为危险的,其带来的破坏力无异于恐怖分子。

◆ **如果充满自信和干劲儿,就不会盲目信奉数字**

相信自己判断力的人绝不会过度依赖数字。

会运用头脑思考问题的人具有敏锐的洞察力,能够看清数字和"可视化"背后的把戏,他们非常清楚重要的不是外在的形式,而是创造力本身。

因此,他们不会被表面的数字所欺骗,也不会为虚假的繁荣而兴奋。

别让三个笨蛋毁了你的前途

就算把数字拿出来，他们也会从批判的角度出发，认真审视这些数字是怎么得来的？是否存在与之相反的数据？在这些数字背后能看出什么问题？等等。

他们认为所谓"数字"，不过是可以按照人的主观意愿操纵的工具，是说服别人接受自己想法的便利手段而已。

此外，他们非常清楚用道理说服那些缺乏创造力的人或逻辑思维能力弱的人是极为困难的，但是，用数字却可以轻而易举地达到自己的目的，因此，就会利用数字。

但是，他们心里非常明白，最重要的就是充分发挥想象力和逻辑推理能力，积极开拓创新，不能片面信奉数字。在他们看来，只有在说服那些绝对信奉数字的一根筋的人时，才需要发挥数字本身的威力。

◆ **真正麻烦的是自卑情结**

当你的上司是以上述"三个笨蛋"为代表的人，并且他们的内心充满不安、严重缺乏自信时，作为下属，你就应该提高警惕了。

如果他们属于内心缺乏自信但是表面看起来极度傲慢的类型，就更要注意了。这是因为他们明明有一颗"玻璃心"，只要遇到什么坎儿，就可能立刻崩溃，却还拼命保持着虚荣心，试图维护自己强势的形象。

第五章　怎样保护自己免受"三个笨蛋"的危害呢

个体心理学的创始人阿尔弗雷德·阿德勒[①]曾经将谦卑心理视为人类成长进步的原动力。儿童正是在这种心理的作用下，觉得自己与成年人相比还有许多不成熟的地方，才激发出成长欲望的。

在商业领域有一个常见的现象，那就是谦虚地认为"自己的能力还远远不够"的人往往能够快速取得进步，不断提升个人工作能力。

但是，有一点需要特别注意，阿德勒对健康的谦卑心理和自卑情结进行了明确的区分。

当一个人无法在能力、人格和外表方面，清醒地认识到自己的弱点，甚至故意逃避承认自己存在缺点时，就意味着他已经产生了自卑情结。

拥有自卑情结的人会刻意掩饰自己的缺点，总是试图向大家彰显比自己真实实力更强的一面。虚张声势，避免大家看透自己的缺点和

---

① 阿尔弗雷德·阿德勒（Alfred Adler，1870年~1937年），奥地利精神病学家。人本主义心理学先驱，个体心理学的创始人，曾追随弗洛伊德探讨神经症问题，但也是精神分析学派内部第一个反对弗洛伊德的心理学体系的心理学家。著有《自卑与超越》《人性的研究》《个体心理学的理论与实践》《自卑与生活》等，他在进一步接受了叔本华的生活意志论和尼采的权力意志论之后，对弗洛伊德学说进行了改造，将精神分析由生物学定向的本我转向社会文化定向的自我心理学，对后来西方心理学的发展具有重要意义。

别让三个笨蛋毁了你的前途

不足。

越是能力不济的人，越会装腔作势，做作地摆出盛气凌人的态度，这是自卑情结在作祟的缘故。

并且，这种人也没有自知之明，他们根本不会注意到自己摆出看似威严的样子，反而会被大家看扁，当成小人物对待。这是因为他们本人没有意识到自己给别人的实际上是一种盛气凌人的印象。

所谓情结经常是在无意识中萌发的，因此，他们本人往往无法感受到自卑情结支配下的行为。

因此，这些笨蛋才会若无其事地用冷静的人最鄙视的态度来处理问题，用排斥自卑情结的"能干的人"最讨厌的方式来说话办事。

那些自卑情结较强的人神经非常敏感，别人可能只是无意地一笑，对他们而言就是"炫耀胜利的表情"，由此觉得自己被人轻视了。因此非常难缠。

如果你的上司属于这种类型的人，那么就必须提高警惕了，以免一不留神触碰到他们的自卑情结。

不仅是上司，一旦遇到这种类型的同事也是非常麻烦的。

例如，当自己拼命工作，想方设法完成了销售指标，得到上司的高度评价后，无论是谁，肯定都会发自内心地感到放松，不自觉地流露出坦诚的笑容。

但是，当你的同事中有自卑情结很强的人时，他们会突然感到愤

第五章 怎样保护自己免受"三个笨蛋"的危害呢

怒,觉得"有什么可骄傲的?是在嘲笑我无能吗?无论如何也不能原谅他!"。

对于自卑情结较强的人而言,"发自内心坦诚的笑容"甚至变成了"炫耀成功的嘲笑""无论如何都无法接受的表情",是"令人感到厌烦的嘴脸"。

<u>在他们的意识中,一起工作的人就是充满敌意的竞争对手。这实际上是一种将对方的言行视为充满敌意行为的扭曲认识。</u>

在攻击性心理的驱使下,他们会散布恶意谣言中伤对方。因此,可以说,我们还要小心提防这种类型的同事。

2 "三个笨蛋"都是缺乏自信并且极度自恋的小人

◆ 极度自恋的人

那些极度自恋的人，一旦被激起了虚荣心，就会丧失理性，彻底暴露出自己的缺点。比如当别人求其办事时，他们就会感到飘飘然。

在现实生活中，没有人是不爱自己的。但是，可以说，像上述"三个笨蛋"那样的人就有些过度自恋了。也就是说，他们已经发展成了"自恋癖"。

一提到自恋癖，浮现在大家脑海中的就是那些认为自己天赋异禀、无所不能的人，他们傲慢自大，总爱摆架子，根本不把其他人放在眼里。

根据美国精神病医学会对自恋型人格障碍的定义，其主要有下述八个方面的特征，可以说这种人都属于傲慢自大型性格。

第五章　怎样保护自己免受"三个笨蛋"的危害呢

· 觉得自己是无所不能的，做出一点成绩后就认为自己是最优秀的。

· 沉迷在对成功、权力、美丽的幻想之中不能自拔。

· 相信自己是独一无二的，认为自己有高贵的血统，觉得普通人根本无法理解他们的想法。

· 对赞美成瘾，听不进反面的话。

·特权意识极强，总是无缘无故地期待着他人对自己有特殊照顾。

· 总爱平白无故使唤人。

· 明显缺乏同理心，不了解别人的心情。

·嫉妒心理极强。

·骄傲自大，傲慢无礼。

还有一种自恋型人格障碍看起来并不傲慢自大，而是处处谨慎小心，无论从哪个方面来看，似乎都是缺乏自信的人。然而，他们的头脑中想的都是自己的事情，极度的自私自利。

以往一提到自恋型人格，大家想到的往往都是傲慢自大、总想着自我表现的类型。但是，最近逐渐有了一个共识，那就是有些总怀疑自己是不是得不到别人的认可、内心焦虑不安、消极保守的人，也属于自恋型人格。

在精神病学和心理学领域，自恋型人格分为截然不同的两种类型。

别让三个笨蛋毁了你的前途

一种是夸张型（迟钝型），另一种是脆弱型（敏感型）。

所谓"夸张型"，正如字面意思那样，就是指那些傲慢自大、反应迟钝、自我表现欲和特权意识强烈的人，他们总喜欢保持对人的绝对支配，从不关心其他人的心情，经常心安理得地利用别人，是非常强势的类型。

所谓"脆弱型"，是指那些保守畏缩、神经敏感的人，他们光是在意别人怎么看待自己，总顾着窥伺别人的心思和眼色，无法坚持自己的主张和看法，极度害怕被人拒绝、否定或批评，从不会坦率地表达自己的意图。

脆弱型的人明明非常希望被人肯定或赞扬，但是，却从不表现出来，给人一种犹犹豫豫的印象，令人觉得他们是在极度压抑自己。

在美国，自恋型人格多表现为夸张型。与之相对，在日本，多表现为脆弱型。虽说都是自恋型人格，但日本人往往不会傲慢自大地认为自己天赋异禀、无所不能，而是极为在意别人怎么看待自己，表现为对自己利益的过度关心。

他们之所以在意别人的想法，并不是发自内心地关心其他人，而是关注自己在人们眼中究竟是什么样的形象，说到底关心的还是自己。从这个意义上来看，他们患有典型的自恋型人格障碍。

第五章　怎样保护自己免受"三个笨蛋"的危害呢

◆ 极度容易受伤，担心自己被轻视的心理极强

这种类型的笨蛋，作为上司时，不管装得多么强势，作为下属时，不管多么爱表现自己的才能，都改不了过分关注周围人的缺点，总是提心吊胆的。

他们只是虚张声势而已，实际上根本就缺乏自信。

因此，很容易被其他人不经意间说的话或流露出的表情伤害到。

他们很容易感到不安，总觉得"是不是被其他人当成傻瓜了？""是不是被其他人轻视了？"，我将这种现象称为"担忧被轻视"心理。正如字面意思那样，担心被人看扁或轻视，因此感到惴惴不安。

不可否认，每个人身上或多或少都有这种心理。但是，在工作单位中，越是对自己能力缺乏自信的人，"担忧被轻视"心理就越强，他们对别人如何看待自己非常敏感。

那些缺乏自信、经常感到不安的人，对于交流对象的语言和态度会产生非常敏感的反应。就算对方没有任何恶意，他们也会产生受害者心理，觉得自己被对方当成了笨蛋，觉得自己遭到了背叛，从而受到深深的伤害。于是，他们会误以为对方心存恶意，并在受害者心理

别让三个笨蛋毁了你的前途

的驱使下，实施报复性攻击，陷入敌意归因偏差[①]的陷阱。

比如随意将对方的语言和态度理解为敌意，认定对方是在愚弄自己。

这种人非常难缠，就算你对他们没有任何敌意，也会遭到他们单方面的攻击。

因此，最重要的是缓和他们的"担忧被轻视"心理。

◆ 为了讨好上司的"报告、联络、沟通"

"担忧被轻视"心理较强的上司总是缺乏安全感，疑神疑鬼地琢磨："为什么下属就是不信任我呢？""下属一定是看不起我。"时刻不忘监视下属的举手投足。

因此，他们对于故意消除或减轻自己不安心理的方法是缺少抵抗力的。上司们往往乐于接受下属的阿谀奉承，也是因为可以借此缓和自己的"担忧被轻视"心理。

[①] 心理学术语，是指在情境不明确的状况下，会将对方的动机或意图视为有敌意的倾向。敌意归因偏差是一种负性的归因方式，是指个体在良性的环境下或社会线索缺乏的模棱两可环境下，对他人的行为给予过度的敌意判断。

第五章　怎样保护自己免受"三个笨蛋"的危害呢

虽说如此，使用阿谀奉承的手段终究是上不了台面的。因此，更为有效的方法就是请示汇报，其诀窍就是"讨好上司的报告、联络、沟通"。

如果缺少报告、联络和沟通，上司就无法掌握各部门的工作状况，也就不能及时准确地下达命令，因此，决不能忽视报告、联络、沟通，可以说，这是商业活动的基本规则。但是，报告、联络、沟通实际上并不都是务实的，还有许多务虚的成分，其中不乏为了讨好上司的心理作用。

当下属主动来沟通交流，或者认真地请示汇报时，上司会切实地感受到自己存在的价值，觉得大家还是依赖自己的。对于缺乏自信、存在"担忧被轻视"心理的上司而言，下属的报告、联络、沟通具有缓解不安情绪的心理作用。我将追求这种效果的报告、联络、沟通行为称为"讨好上司的报告、联络、沟通"。

有人向我大吐苦水，觉得上司们平时的工作都很忙，这种频繁的报告、联络、沟通无疑是一种负担，会带来许多麻烦。但是，上司对那些硬往上贴的人并不反感，反而会倍加青睐，真是令人费解。持这种观点的人，实际上没有领会"报告、联络、沟通"中暗含的迎合上司的意味。

对于容易感到不安的上司而言，无论自己多忙，只要有下属来求他办事或请示汇报，就会变得异常兴奋。他们缺乏自信，因此，只有当别人有求时，才会觉得自己的存在是有价值的。

别让三个笨蛋毁了你的前途

由此可见，<u>最重要的就是要向上司提出帮助请求</u>。如果能以"报告、联络、沟通"为借口接近上司，就可以减轻他们"担忧被轻视"的心理。

◆ 向下属和年轻员工表达自己的期望

"担忧被轻视"心理强的下属和年轻员工们非常容易产生"是不是被人当成傻瓜了？""是不是被人认为是不争气的家伙了？"的想法，因此，就算充满关心地向他们提建议，有时也会被误解，被吐槽"看到他那种高高在上的眼神就生气"。

他们非但不感谢道："这个建议真是太有用了！""帮了我们大忙！"还会心怀不满地抱怨："干吗装出一副很懂我的样子，真是惺惺作态！""总是高高在上地说一些官话套话。"等等。

甚至连那些经过事实检验、被证明是正确的建议也不例外。他们不但不真心接受，还带着情绪地反驳道："真是站着说话不腰疼，就看不上这种一副说教嘴脸的人。"这样一来，就难以提升工作能力，真正成为对工作有益的人。

针对这样的对象，首先要向他们表达出自己的期待。通过表达期待，减轻他们"担忧被轻视"的心理。

当他们感受到上司在关注自己后，就会变得更能听进去各种建议。

第五章　怎样保护自己免受"三个笨蛋"的危害呢

◆ 能干的人大讲失败教训的理由

"担忧被轻视"心理强的同事非常容易去攻击那些能干的同事。

在这种情况下，其实能干的同事本身并没有故意去看轻别人，也没有骄傲自大的心理。但是，由于受到敌意归因偏差的影响，自卑心理强的人就会无端地感到他们"根本看不起人""整天得意洋洋的样子真令人讨厌"。这样一来，情况就变得复杂了。

在应对这种"担忧被轻视"心理强的同事时，我们应该从能干的人身上学习方法。俗话说："木秀于林，风必摧之。"能干的人自然会经常遭到嫉妒和无端的攻击，因此，往往都有自己独到的防身之术。

如果仔细观察一下那些既能干好工作，又不会因为遭人嫉妒而被拖后腿的人，就会发现他们总会刻意将自己扮成失败的角色，经常把失败教训挂在嘴上。这种方法是非常有效的。

承认自己经常失败会令周围的人感到安心，可以有效缓和工作氛围。能力强的同事会觉得"真是拿他没有办法"，从而自然而然地放下戒心产生好感。那些干事总出纰漏的人会觉得"这个人和我一样""可能我比他还能强点儿"，因此，就会变得更加从容。这种方式可以淡化由于自己能干给人带来的压力和威胁感。

之所以会出现这种现象，是因为人们都有轻视弱者的劣根性，通

别让三个笨蛋毁了你的前途

过与不如自己的对手相比较，满足自尊心。

人们将与比自己优秀的人相比较的行为称为"对强比较"，将与不如自己的人相比较的行为称为"对弱比较"。

如果充满自信和干劲儿的人进行"对强比较"，就会进一步激发斗志，点燃激情，觉得"自己还有很大差距，必须更加努力才行"。但是，如果换成那些缺乏自信的人，在进行"对强比较"时，就会产生厌恶自己的情绪，陷入低潮不能自拔，觉得"为什么就我不行呢？还是放弃吧！"。这种人进行"对弱比较"时，会觉得"怎么还有比我弱的人，终于可以松口气了！"，从而可以维护自己的颜面和脆弱的自尊心。

如上所述，能干的人往往会遭人嫉妒而受到无端的攻击，因此，应该时刻注意保持低调，让对方将自己视为"对弱比较"的对象，从而避免伤害对方的自尊心。之所以喜欢讲一些失败的教训，也是因为这个。

失败的教训会给人营造一种"他不是能够带来威胁的人"的感觉，对于那些缺乏自信的、自卑心理强的人而言，这会带来一种莫名的安全感。

◆ "压力应对"的积极作用

内心脆弱会激发自我保护意识，催生攻击心理。在此，我建议那些容易受到伤害的内心敏感的同事和下属运用"压力应对（stress

第五章 怎样保护自己免受"三个笨蛋"的危害呢

coping）"的方式来调节情绪。所谓"压力应对"是精神护理领域的术语，指的就是"应对压力的方法"。

针对那些没有按照个人意愿发展的现实情况带来的压力，真正有效的是以控制情绪为目的的应对方法，也就是转换心情或排解郁闷。

即使在无法改变严峻的现实状况时，转换心情或排解郁闷也可以达到释放压力、放松心情的效果。

那些容易受伤的人，往往都是不懂得应对压力的人，因此，会受到严重的心理伤害，并就此一蹶不振，畏惧失败，无论做什么事情都充满消极情绪。

压力应对有许多方式，比如去海吃一顿美食，到常去的酒馆或酒吧喝上两杯，与知心朋友推心置腹地聊聊天儿，做做运动出出汗，看看比赛给自己喜欢的球队加加油，到商场去购购物，到 KTV 去吼上几首歌，等等。每种方法看起来都很普通，但是，如果平时能够学会几种应对压力的好方法，注意及时调整心情和排解压力，就可以不断提升抗压能力，全身心投入地积极开展各种工作。

◆ 充满热情地进行沟通交流也是非常有效的

沟通交流分为工具性交流和情绪性交流两种。

一提到沟通交流，许多人都会觉得它是传递信息的工具，这就是沟通交流的工具性功能。

工具性交流担负着传递信息的工具性功能，其主题是交换信息。

另一方面，沟通交流还有彼此表达心情和情绪的功能。这就是情绪性功能。

情绪性交流担负着彼此表达心情的情绪性功能，其主题是交流心情。

例如，工作上的碰头磋商，可以说就是典型的工具性交流的场合。在这种场合中，大家分别向对方提供各自认为重要的信息，并从对方那里获取自己需要的信息。

但是，如果只是单纯地交换信息，就不会触及心情和情绪方面的问题，这样一来，就会缺少人情味，给人一种过于市侩的感觉。因此，可以进行适当的交流，随便聊聊与正题无关的事情，从而酝酿出良好的氛围，这就是所谓的情绪性交流。

不只是三种类型的笨蛋，无论是谁都不喜欢被人说教式地灌输理念。但是，如果能够充满热情地进行真挚交流，就可以打开对方的心扉，让对方乐于接受你讲的道理。

在商务领域，我们经常会听人说善于攀谈聊天是非常重要的。这是因为情绪性交流对推进事情顺利进展具有明显的效果。

从交换必要的信息这个角度来看，沟通交流并不只有工具性功能，

第五章 怎样保护自己免受"三个笨蛋"的危害呢

如果每天能够充满热情地与人用心交流,就可以有效地拉近与周围人的距离,令他们愿意敞开心扉倾听你的发言。

无论缺乏自信的是上司还是下属,往往都非常固执,看待问题时总是一根筋,会对你无意间说的一些话过度敏感,从而触发"担忧被轻视"的心理。

因此,充满热情的沟通交流可以消除对方"担忧被轻视"的心理,有利于帮助对方放松心情,效果非常理想。

这样一来,你说的话就能够很好地打动对方。如果对方非常不安,那么,他们就会摆出一副拒人于千里之外的姿态,根本不愿意去听别人在讲什么。无论你说什么,他们都会像挑刺儿一样给怼回去。但是,如果能够充分进行情感交流,打开对方的心扉,就可以缓解这种不安心理,有利于自己的话走进对方的心里。

<u>为了缓解对方心情,可以使用心理咨询中常用的"积极聆听"的方法,这样做也有很好的效果。</u>

这就要求大家必须注意引导对方积极发言,并通过用心倾听,清楚地向对方表现出自己对他的发言有同感的姿态。

当能够充分吐露自己的心声时,人们就会感到神清气爽,变得非常热情,从而积极认同那些认真倾听自己想法的人,觉得他们既善良又真诚。这样一来,你说的话就更容易走进对方的心里。

总结:"三个笨蛋"的心理机制

- 在自卑情结强的人身上,往往存在敌意归因偏差的影响。
- 在日本人中,属于过度自恋型人格的人多是脆弱型,而不是夸张型。
- 越是对自己能力缺乏自信的人,"担忧被轻视"的心理越强。如何照顾他们的情绪是非常重要的。
- 能否保护自尊心不受伤害,关键在于选择"对强比较"还是"对弱比较"。
- 容易受伤的人往往不擅长压力应对。以控制情绪为目的的应对方法是非常有效的。
- 光靠讲道理是很难说服人的。充满热情的沟通交流往往能牢牢抓住对方的心。
- 希望大家能够将上述心理机制记在心上,并试着用应对三种笨蛋的方法来解决问题。

第五章 怎样保护自己免受"三个笨蛋"的危害呢

3 如何才能免受"三个笨蛋"的危害呢

◆ 人应该用心行动，以情动人

在上一节中，我曾经推荐大家学习"报告、联络、沟通"和"情绪性交流"的技巧，以提升照顾对方情绪的能力。在这里，有一个至关重要的问题必须再和大家明确一下，那就是不能光是机械地用道理去说服别人，而应该用心行动，以情动人。

针对"三个笨蛋"，如果光是和他们讲道理，直接点出他们身上存在的问题和矛盾，反而会激起他们在情感上的反抗。

如果对方是上司，可能会招致嫉恨，甚至影响到人事评价。如果对方是下属，可能会到处和人说自己受到了伤害，指责你利用职务和权力以大欺小。如果对方是同事，可能会对你产生隔阂，到处给你下绊子，制造麻烦。

别让三个笨蛋毁了你的前途

人类并不是完全理性的生物，就算你讲的话都在理，别人也不一定会接受。

例如，当一个人被别人严厉地指出性格中存在的弱点时，就算内心觉得自己确实有这个问题，也无法接受这种直接的方式，从而产生不满和怨恨心理。也就是说，无论你讲的话多么合乎道理，只要不注意表达方式，同样会激起对方的强烈反抗。

再比如，在会议中自己提出的方案遭到质疑时，如果对方是关系好的朋友，自己就会坦诚地接受对方指出的问题，并要求给出具体的改善建议。但是，如果对方是平时与自己不和的人，自己必然会琢磨如何才能反驳对方，从而拼命寻找对自己有力的材料和证据，试图给予有力还击。

回顾学生时代，大家可能都有过这样的经历，觉得自己更容易被感情所打动，对冷冰冰的道理说教则没有什么感觉。

比如当期末考试临近时，按道理来说，应该更努力地学习了。但是，却根本集中不了注意力，在磨磨蹭蹭中就把时间浪费掉了。

我们是无法完全按照道理行动的。

因此，在希望消除"三个笨蛋"带来的负面影响时，是不能直接对他们本人进行说教的，绝对不能提他们给你带来了多少麻烦、造成了多少困难，或者你多么需要他们改变想法等，否则只能招致他们更大的反感，根本不会带来任何实质性的改善。反而会进一步造成人际

第五章　怎样保护自己免受"三个笨蛋"的危害呢

关系恶化，严重影响工作氛围。

我们必须认真关心"三个笨蛋"的情绪，下工夫思考如何将它们的负面影响降到最低程度。

◆ 通过构建信任关系网来保护自己

在防止"三个笨蛋"带来的危害之前，必须先慎重考虑保护自己的方法。如果无意间流露出轻视对方的想法，可能会遭到各种卑鄙手段的陷害和攻击。

因此，在明确压制"三个笨蛋"的措施之前，应该预先构建信任关系网，这一点非常重要。

有一种自私自利的人，他们不仅像"三个笨蛋"那样缺乏自信，而且爱虚张声势，还坚持认为只有自己是对的，只有自己是好的。一旦遇到事情，是根本指望不上他们的。

最重要的是事先构建一张信任关系网，将上司、资深员工、同事、下属、晚辈紧紧团结在自己身边。

在发现那些怀揣梦想，拥有高尚道德观和崇高使命感，并充满自信和自豪感地积极工作的人后，要拿出真诚坦率的态度与他们交往，构建信任关系。

当你的上司属于"三个笨蛋"中的任何一个时，他就可能非常简单粗暴地行使权力,一旦你不按照他的意思行事,他就会造谣中伤,或者通过不公平的人事评价来打击你。在这种情况下,如果有高层信任你,就能给予你一定程度的帮助和支持。

当然,单位有自己的潜规则,就算彼此之间有信任关系,有时对方也不会公开表明自己的立场来支持你。他们受制于单位规则,经常会对你解释道:"真抱歉,我实在是无能为力啊!""只能在背后支持你了。"

虽说如此,在发生紧急情况时,只要有人能理解支持,就会令人产生莫大的勇气。

◆ 针对热衷开会型笨蛋的应对方法

如果每天光是开会,就容易影响一线工作。

比如缺少接待顾客的人手,导致一线陷入混乱。无法及时满足顾客需求,导致投诉事件增多。无法及时向客户提供资料,被反复催促等。

因此,有人对我抱怨说,自己为公司着想,不愿意频繁参加会议,希望将精力都用在公司的重点业务上。但是,却被上司无端嫉恨,在进行人事评价时得不到肯定,真是无论如何也想不通。然而,就算你向热衷开会型笨蛋解释,他们也完全不会接受。

第五章　怎样保护自己免受"三个笨蛋"的危害呢

在热衷开会型笨蛋心里，根本没有会议会干扰工作的想法。他们认为开会是比所有事情都重要的工作。

他们将本来应该集中精力干的重点工作放在一边，一门心思光想着开会。因此，对那些参会热情不高或者不重视会议的人，自然就会冷眼相对了。

如果他们允许大家以集中精力干工作为由拒绝参会，无异于是在否定自己，因此，他们是无论如何也不会那么做的。

①在开会过程中，找时间处理自己的重点工作。

如果以开会没有任何意义为由，总是拒绝参加会议，就会被盯上，无论在工作一线干得多么努力，都得不到肯定评价。可以说，平白无故地缺席会议算不上明智之举。

因此，就只能想一些好的对策，以便平时能有机会少参加一些会议，或者在不得已出席会议时，可以抽时间干一些与重点工作相关的事情。

当会议开起来没完没了时，是允许大家稍微放松一点儿，或者干点儿与开会无关的事情的，因此，大家完全可以草草记笔记，并趁这个机会完成重点工作所需的脑力劳动，比如完善一下向客户提交的计划书，研究一下促销策略，提升一下说服销售对象的技巧，构思一下举办活动的创意，思考一下汇报材料的结构等。

到了工作一线之后，就没有时间再静下心来细致地思考问题了，

别让三个笨蛋毁了你的前途

因此，完全可以有效利用这些被白白浪费掉的会议时间。如果大张旗鼓地干自己的事情，无异于是在公开挑战热衷开会型笨蛋的权威。因此，最好能够简单地记记会议的摘要内容，在不惹人注意的状态下，考虑工作安排，列举工作要点，思考工作创意。

在大学中，情况也大同小异。那些觉得自己从事的研究和教育工作才是真正有意义的教员，经常会沉浸在工作中不能自拔。一般在参加会议时，他们都会趁机开展自己的研究工作。比如阅读研究资料、学生提交的报告和思考更为有效的教学方法等。

②下工夫研究合情合理的请假理由。

如果你平白无故地缺席会议，就会挫伤那些将会议看得比什么都重的热衷开会型笨蛋的自尊心，激起他们的报复心理。这样一来，事后你就会遭到排挤和刁难。

因此，在想要逃避那些毫无意义的会议时，应该故意找一些看似不得不办的事情去处理。

比如将与客户见面的日子约在会议当天或会议前后。然后，向会议的主办方表明约定的日期是自己提出来的，对方已经安排好了日程，不能随意变更，因此，只能缺席会议，外出执行公务。由于涉及客户一方的计划，会议的主办方也只能无可奈何地接受了。

在大学中，经常会开一些持续时间很长的教务会。因此，教授们为了找到合理的逃会理由，经常会在开会那天白天至傍晚期间给自己

第五章 怎样保护自己免受"三个笨蛋"的危害呢

安排上课程。

还有的人会在会议超过一定的时间后,让一线的下属来叫自己出去。这些都是事先就安排好的,装成一线有急事召回,不得已退席。通过给对方营造一种发生了紧急状况必须马上去处理,或者需要立刻去做决定的印象,名正言顺地从会议中退席。

如果一线的下属靠不住,完全可以请求其他部门同事提供帮助。当会议超过一定的时间后,让其他部门的同事进来,以有事情需要紧急确认等理由来叫自己出去,从而达到逃避开会的目的。

如果心里觉得没有值得信任的人,或者认为在公司内这么做有风险,怕事情传出去影响不好的话,完全可以请公司外的朋友来帮忙。同样要事先约好时间,让他们给自己的部门打电话。由于是公司以外的人来的电话,因此,必须离席处理,如果这个人是销售部门的业务人员就更为自然合理了。

可能有人会觉得撒谎逃避开会是令人非常痛心的。但是,如果不找理由逃避开会,就会耽误重点工作的顺利开展,撒谎是为了避免白白浪费时间。实际上这么做才是真正为公司的利益考虑。

因此,大家应该打消顾虑,名正言顺地按照这种方法去解决问题。

还有一种方法是站在热衷开会型笨蛋的角度,强调自己是为了他们才不得不缺席会议的,这种方法也非常有效。

例如,对上司说:"如果销售额下降就糟糕了,这会给科长带来麻烦的！""如果不尽快完成这些文件并交给客户，他们就会打电话来投诉，这样恐怕会连累科长啊！"并以此为借口留在店里或单位，不用去开会。

◆ **针对死抠规定型笨蛋的应对方法**

美国的上司们往往坚持只要不违反规定就什么都可以去做，与之相比，日本的上司们总是考虑怎样才能不违反规定，这样确实也有其优点，比如说可以令下属感到放心。但是，当下属们想要主动作为开展工作时，就会遇到阻碍了。特别像死抠规定型笨蛋那样，借着遵守规定的名义，对每项工作都百般阻挠的人，会令人感到苦不堪言。

因此，必须提前采取对策进行应对，并且，还需要对具体方法进行细化，时刻准备付诸行动，以防万一。下面我们来看一下具体的方法。

①寻找先例。

当对方拿出规定来说事儿时，应该事先对规定进行充分细致的研究，准备好可以灵活解释的理由。如果死抠规定型笨蛋知道通过解释可以避免违反规定，就会减轻不安心理，并逐渐理解接受。

寻找破例的实例也非常重要。如果能够找到先例，就可以将此次的情况与之前的先例进行对比，发现两者之间的"最大公约数"，进

第五章 怎样保护自己免受"三个笨蛋"的危害呢

一步突出两者之间的共同点。

死抠规定型笨蛋非常害怕因为违反规定而被追责。由于他们缺乏自己独立判断的勇气和能力,只会因循守旧,按照先例办事。因此,如果对他们说明有破例的情况,并且,这次也适用,就容易得到接受和认可。

②建议制订白纸黑字的"破例规定"。

就算你能逻辑清晰地说明事情经过,并且,充分表明自己希望对方接受破例的强烈愿望,也难以说服死抠规定型笨蛋。

因此,重要的是将破例这件事也制订成规定。也就是,提出制订"破例规定"的具体建议。

在这种情况下,需要向对方说明,由于现有规定束缚,我们无法快速有效地进行应对。因此,总是发生比竞争对手慢半拍,最终空手而归的问题,这样一来,可能会影响部门业绩,对公司发展造成不利影响。

如果能趁机添加一些带有提醒意味的说法,效果就会更好,比如"如果一直这样下去,部门下一年度的预算就会被削减,甚至还可能遭遇裁员危机"等。

之后,要继续提出建议,强调应尽可能避免这种事态,并明确制订"破例规定"的紧迫性和重要性。如果能够说服死抠规定型笨蛋,在这种条件范围内或者超出这种条件限制的情况下,承认破例的合理性，并形成具体规定，就可以占据主动地位。即使发生意外情况，必须采取破例的应对措施时，也不会被冠以"无视规定"的帽子，而是按照"破例规定"行事，这样一来，就可以免除被这些笨蛋拖住的后顾之忧。

③刺激对方的自恋意识。

在上文中，我们提到三种类型的笨蛋都是自恋狂。因此，最为有效的就是刺激对方的自恋意识。

通过称赞对方"只有科长这样英明的领导，才能摆脱这种愚蠢规定束缚，做出真正的决断"等，刺激他们的自恋意识，敦促其摆脱规定束缚，采取必要的行动。

死抠规定型笨蛋缺乏自信，自我保护意识极强。因此，在这种情况下，可以多列举一些风险因素，刺激他们的自我保护心理，这样做非常有效，比如可以这样对他们说："如果被这些无关紧要的规定束缚，就无法采取随机应变的应对措施，容易导致到手的订单被人抢走，这样一来，我们部门就可能被追责。因此，还是优先考虑如何拿到订单的做法风险最低。"

④期待权力高层的一句话。

死抠规定型笨蛋非常重视指挥体制，对单位内的隶属关系和工作序列很敏感。

因此，当你耗费精力去摆事实、讲道理，试图说服对方时，他们

第五章　怎样保护自己免受"三个笨蛋"的危害呢

根本就听不进去。但是，一旦自己的上司下了命令，他们就会无条件服从。由此可见，利用权力高层的话语权是非常有效的。

在这种情况下，与权利高层之间的关系就显得至关重要了。这要求我们从平时开始，就要注意与那些不受规定束缚的高层之间保持积极的沟通交流。一旦遇到紧急情况，可以有渠道说明自己的构想，争取他们替自己发声的机会。

死抠规定型笨蛋是绝对不会违背上级下达的命令的。

⑤引导下属树立加分思维[①]

当死抠规定型笨蛋是自己的下属时，要注意帮助他们克服不知不觉之间养成的减分思维模式，对他们进行必要的教育引导，帮助他们树立加分思维。

由于极力避免减分的"规避失败型动机"过强，死抠规定型笨蛋片面重视规定，尽全力防止减分。他们将全部精力都放在如何避免减分上，往往会抑制积极进取争取得分的行为。与之相对，通过刺激主动寻求加分的"追求成功型动机"，可以敦促大家积极采取行动，赢

[①] 加分思维与减分思维是相反的两种思维方式,减分思维是预先设定一个标准值，如果达不到目标就向下减分，达到目标了就不增不减。加分思维则不同，做不到不减分，做得好就加分。这两种思维方式代表的是积极思维与消极思维的对立。

得更多的得分。

从单位的风气和环境中，也可以看出一些问题。如果单位的风气是减分思维过强，大家行动起来就容易趋于保守，认为只要按照规定去办，就不会丢分，只要按照先例去做，就不会捅娄子，导致所有的人都只会做一些墨守成规和有先例的平庸工作。

但是，在当今这个科学技术飞速发展的时代，未来变得越来越难以预测。如果光是被旧规定和先例束缚，无法积极地进行挑战，就难以适应急剧变化的时代潮流。

在急剧变化的洪流中，过去的职业规划理论早已不适应时代发展需要，新的职业规划理论正悄然兴起。其中，有一种"职业规划混沌理论[①]"，就强调了失败的价值。在无法预测未来发展趋势的时代中，失败将如影随形，我们必须适应失败。

如果消极地认为在这个时代中，无论尝试什么创新，都可能会遭遇失败。既然如此，还不如因循守旧，不考虑任何多余的事情，完全

---

① 混沌理论（chaos theory）是一种兼具质性思考与量化分析的方法，用来探讨动态系统中（如人口移动、化学反应、气象变化、社会行为等）必须用整体、连续的而不是单一的数据关系才能加以解释和预测的行为。它有三个原则：能量永远会遵循阻力最小的途径；始终存在着通常不可见的根本结构，这个结构决定阻力最小的途径；这种始终存在而通常不可见的根本结构，不仅可以被发现，而且可以被改变。

第五章　怎样保护自己免受"三个笨蛋"的危害呢

按照先例处理的话，就会陷入被动局面，根本无法适应时代发展的需要。

因此，最重要的是应对失败的能力。

在不知道未来会发生怎样变化的时代中，是做不到不经历失败就掌控全局的。但是，我们自己能控制的是在遭遇失败时应该如何进行处理和应对。

重要的不是畏惧失败，而是提前考虑好遭遇失败时的应对方法。做好这种准备，就可以积极地进行挑战。

在遭遇失败时，不应该意志消沉，而应该认真思考如何挽回局面，以及如何从失败中汲取经验为今后提供借鉴。此外，也不应该过分地执泥于由于失败而失去的东西，更应该将关注的焦点放在从失败中学习到的宝贵财富上。

这种从减分思维向加分思维的转变是至关重要的，对于培养良好的干事氛围和环境是不可或缺的。

◆ 针对"唯数字论"型笨蛋的应对方法

"唯数字论"型笨蛋无论遇到什么问题，都会将"通过数字表示""如果缺少数字支持的话，就不能办"之类的话挂在嘴边。

对此，如果你对他们讲大道理，说："数据是用来说服别人接受自己创新观点的工具，与之相比，更重要的是观点和逻辑结构本身。"是根本不会得到理解的。

"唯数字论"型笨蛋不擅长理解创新观点和逻辑结构，因此，才会坚定地信奉数字。那些无法理解创新观点和逻辑的人，会对眼前直观可见的数字这一具体目标感到亲切，能够理解和接受。这就是数字的作用。

对于缺乏想象力和逻辑思维能力的人，无论你如何阐述自己的创新观点，都无法激发他们的共鸣。就算从逻辑角度进行分析，也无法得到理解。因为他们不具备这种头脑，所以，没有任何办法。

但是，对于那些无法接受创新观点和逻辑的人，有一种说服他们的有效方法，那就是摆数字。

信奉数字的"唯数字论"型笨蛋的弱点恰恰也是数字，因此，我们可以利用他们"喜欢数字"的部分，进行有针对性的应对。

①利用他们"喜欢数字"的弱点，防止"唯数字论"带来的危害。

在无论讲多少道理对方都不理解的情况下，你可以试着去搜集合适的数据，并尽可能多地以数字或图表的形式展示出来，用数据来说服人是非常有效的。在展示数据后，就算逻辑结构或多或少有牵强之处，也容易得到"唯数字论"型笨蛋的理解。

对于逻辑思维能力强或者想象力丰富的人而言，即使不一一列举数字，他们也能够想通并接受。但是，因为"唯数字论"型笨蛋的逻

第五章　怎样保护自己免受"三个笨蛋"的危害呢

辑思维和创新能力都有欠缺,所以,在与他们交流时,有一点需要特别注意,那就是不管你要说明的事情多么简单,都不要嫌麻烦,一定要尽量详细地通过数字展示。

在你的心里要有一个预期,那就是对方是重视具体可见数字的人,因此,就要适当地给他展示数字。

对于缺少逻辑思维能力的人,无论你和他讲多少道理,都是无济于事的。对于"唯数字论"型笨蛋,如果能投其所好用数字来说话,就会发挥超乎想象的作用,整个交流过程会变得异常简单顺畅,从而节约大量的时间和精力。

②**不骄不躁,迎合缺乏理解数字所需思维能力的人。**

逻辑思维能力强的人在面对"唯数字论"型笨蛋时,会感到困惑。

比如,当被要求说明之前交代的说服其他部门的谈判进展情况时,上司经常会说:"不要讲得太繁琐,挑重点的讲,说说大体完成了百分之多少?"当被询问营销情况时,经常会听到:"大概有百分之多少的概率能拿到订单?""如果用百分比来表示客户对提案和价格的理解程度,你认为现在能达到多少呢?"等等。

这些事情是不能用数字来衡量的。在与人进行谈判时,是无法用百分比来计算成功率的。人们无法用数字来表示对方的理解程度,更不用说看透对方的内心想法并用数字进行量化表示了。但是,不管你怎么向对方辩解,都得不到"唯数字论"型笨蛋的理解和认同。因此,

别让三个笨蛋毁了你的前途

重要的是向对方表明自己的意向。

在这里应该重视的是迎合缺乏理解数字所需思维能力的人。

"唯数字论"型笨蛋坚信将数字挂在嘴上就会显得更加科学理性。因此，你根本不必在乎是否有实际依据，只要拿出对方能够理解的数字就可以了。在谁都无法预判未来走向的阶段，你可以用看似具体的数字表明自己的看法，例如："我想大概有 50% 的概率，接下来将尽全力提高这一数值。"

如果客户非常感兴趣，流露出听取你说明的意向，就可以适当地提高一下数值，例如："拿到订单的概率大概有 80%。"

在缺乏证据的情况下，反正和对方讲道理也讲不通，因此，只要说出自己认为适当的数字就可以了，根本不必在乎是否严谨。

有些人会为年终的人事评价考核感到烦恼不已，比如，当考官直接提问"如果按满分 100 分来算，你觉得自己去年应该打多少分"时，他们根本不知道怎么回答才合适。

对自己要求不高的人，就算没什么像样的成果，也会感到非常满意；对自己要求严格的人，就算取得了丰硕的成果，也会觉得自己还需要继续努力，内心并不感到满意。

对此，大家往往会产生疑问，是按照这种心理机制来判断，还是依据其他标准来判断，根本不知道怎么办才好。并且，还有一个问题，肯定有人出于自私考虑，为了得到理想评价而故意回答较高的数字，

第五章 怎样保护自己免受"三个笨蛋"的危害呢

也有人出于谦虚考虑而回答较低的数字,对这一点又该如何理解和判断呢?

顺着这个思路想下去,就会觉得非常困惑。但是,我们无法指望那些无论遇到什么情况都想通过数字来解决问题的头脑简单的人,能够想明白这么复杂的问题。

由此可见,在应对"唯数字论"型笨蛋时,是可以适当地抬高数字的。在这种情况下,最好能够再加上几句表达自己继续努力意味的话,例如:"虽然成绩不错,但是我决不会就此满足,今后还将继续努力,朝着达到更高数字的目标不断前进。"

对方根本不明白数字具有不可靠性,因此,总是坚信数字是客观、科学的,一旦列出数字后,就会毫不怀疑地信任数字。当你无意间说出谦虚保守的数字后,他们就会信以为真,并就此看轻你的作用。

③迎合"唯数字论"型笨蛋热衷于"可视化"的倾向,下工夫做好表面文章。

热衷于"可视化"的"唯数字论"型笨蛋非常重视诉诸视觉的数据,因此,如果能下工夫做好表面文章,就可以免费口舌之争,轻松说服他们。

比如柱状图的展示方式,可以将原本在统计学上没有明显差异的两个数据,衬托得看起来存在明显差异。

真正熟悉统计的人会经常怀疑数字。反而是那些热衷于"可视化"

的信奉数据至上的人，往往容易掉进数字表达方式的陷阱之中。他们根本就不明白"显著性差"这一概念。

例如，在展示某一宣传活动的效果时，假设宣传之前用户人数为80.0，宣传之后用户人数为85.0，那么，从统计学角度来看，这两者之间并没有显著差异，只不过是在误差范围以内罢了。但是，如果在展示时，只截取70.0~90.0之间的数据，并用柱状图展示出来，就会令人产生视觉误差，觉得在柱状图中，宣传后的柱形高度是宣传前的1.5倍，从而认定两者之间存在非常大的差异。

④创造对自己有利的数据

在无法找到对自己有利的数据时，可以适当地创造对自己有力的数据。

比如可以请求周围能够帮助自己的人填写调查问卷，并以数字的形式展示结果。然后，对外宣称"通过分析调查结果，可以得出下述数据"，并从调查的数据中选出对自己有利的数字，作为支持自己意见和方案的材料。尽管统计基数存在明显偏差，但是，"唯数字论"型笨蛋是绝对信任数字的，只会关注数字，根本不会去主动怀疑数字，只要你能拿出数字，他们就非常容易被说服，甚至会主动附和说"确实如此"。

在进行调查时，也可以选择对自己有利的情况来设定问题，从而补充支持自己想要表达的观点。比如设定一些具有倾向性的题目，引

第五章 怎样保护自己免受"三个笨蛋"的危害呢

导答题者回答出对自己有利的答案。这种设定问题的方法并不是正途，但是，为了说服那些不讲理的对象，只能使用一切可以动用的手段。从某种意义上来讲，这也是为了整个单位的发展考虑。

为了防止"唯数字论"型笨蛋带来的危害，千万不要忘记"数据是主观创造出来的"这一规律，通过寻找数据和创造数据进行对抗是非常有效的。

信奉数据至上的"唯数字论"型笨蛋坚信数字是客观的、科学的。但是，实际上，他们并没有弄清数据是人们主观创造出来的，是个人根据利害关系进行取舍选择后的结果。抓住这个可以利用的机会，是防止受"唯数字论"型笨蛋所害的关键和诀窍。

当对方或多或少具备一些统计学知识时，应该稍微进行一点儿复杂的分析，并向对方展示分析结果，通过面上的功夫，引导对方支持赞同自己的观点。

比如不仅可以列举整体百分比和平均值，还可以展示按照性别、年龄等属性进行分类的百分比或者平均值，选择对增强自己提案说服力有利的部分，并对经过比较分析的结果进行说明。

别让三个笨蛋毁了你的前途

不仅如此,还可以实施相关分析[①]、方差分析[②]、回归分析[③]等多种分析,提出多个变量的关系、背景因素的影响等,通过相对复杂的形式,争取对方赞同支持自己的方案。

由于"唯数字论"型笨蛋信奉数字,因此,就算他们不懂分析结果的相关说明过程,只要明白你是根据数字进行说明的,同样会坦然接受。

---

① 相关分析是研究两个或两个以上处于同等地位的随机变量间的相关关系的统计分析方法。例如,人的身高和体重之间、空气中的相对湿度与降雨量之间的相关关系都是相关分析研究的问题。

② 方差分析,又称"变异数分析",用于两个及两个以上样本均数差别的显著性检验。由于各种因素的影响,研究所得的数据呈现波动状。造成波动的原因可分成两类,一是不可控的随机因素,二是研究中施加的对结果形成影响的可控因素。

③ 回归分析是确定两种或两种以上变量间相互依赖的定量关系的一种统计分析方法。运用十分广泛,回归分析按照涉及的变量的多少,分为一元回归和多元回归分析;按照因变量的多少,可分为简单回归分析和多重回归分析;按照自变量和因变量之间的关系类型,可分为线性回归分析和非线性回归分析。

看完书后，如果你发现自己有更多应对职场笨蛋的妙招，可以及时记录在书后的笔记页哦！

应对职场笨蛋实战经验总结

应对职场笨蛋实战经验总结

应对职场笨蛋实战经验总结

应对职场笨蛋实战经验总结

应对职场笨蛋实战经验总结

应对职场笨蛋实战经验总结

应对职场笨蛋实战经验总结

应对职场笨蛋实战经验总结

应对职场笨蛋实战经验总结